交通运输行业高层次人才培养项目资助

高速铁路隧道气动效应及工程实践

柳墩利　马伟斌　程爱君　方雨菲　著

中国铁道出版社有限公司

2021年·北京

内 容 简 介

本书在总结作者研究成果的基础上，从高速铁路空气动力学的研究方法、影响因素、控制标准等多个角度系统介绍了高速铁路空气动力学的研究进展和主要成果，对高速铁路线间距、隧道净空断面的优化进行了仿真分析和计算，总结了目前国内高速铁路主要型式隧道内气动效应主要变化规律；在此基础上根据测试数据以及数值模拟结果，介绍了在高海拔地区、特殊地质条件地区、地下高速铁路车站、隧道结构附属物等多个场景的工程实践情况。

本书可作为高速铁路隧道空气动力学领域的科研人员、工程技术人员的学习参考书，还可作为相关专业研究生、本科生的学习用书。

图书在版编目（CIP）数据

高速铁路隧道气动效应及工程实践/柳墩利等著. —北京：中国铁道出版社有限公司，2021. 10
ISBN 978-7-113-27454-2

Ⅰ. ①高… Ⅱ. ①柳… Ⅲ. ①高速铁路-铁路隧道-空气动力学-研究 Ⅳ. ①U238

中国版本图书馆 CIP 数据核字（2020）第 241036 号

书　　名：高速铁路隧道气动效应及工程实践
作　　者：柳墩利　马伟斌　程爱君　方雨菲

策　　划：时　博
责任编辑：时　博　　**编辑部电话**：（010）51873162　　**电子信箱**：crph@163.com
封面设计：曾　程
责任校对：苗　丹
责任印制：樊启鹏

出版发行：中国铁道出版社有限公司（100054，北京市西城区右安门西街 8 号）
网　　址：http://www.tdpress.com
印　　刷：北京柏力行彩印有限公司
版　　次：2021 年 10 月第 1 版　2021 年 10 月第 1 次印刷
开　　本：787 mm×1 092 mm 1/16　印张：8.5　字数：205 千
书　　号：ISBN 978-7-113-27454-2
定　　价：60.00 元

前　　言

作为基础工程，隧道工程是铁路工程、特别是高速铁路的重要组成部分。据不完全统计，截至2020年底，中国铁路运营铁路隧道为16 798座19 630 km，在建铁路隧道2 746座6 083 km，规划铁路隧道6 395座16 325 km，这些隧道中包含大量长大及超长隧道。随着建成通车隧道的增多及列车速度的提高，列车通过隧道时诱发的空气动力学问题成为了制约高速铁路发展的关键因素之一。

我国于1995年在山西南同蒲线进行了首次隧道气动效应试验，初步掌握了隧道内压力波的产生及传播规律，为今后的理论分析和缩尺模型提供了实测数据依据。进入21世纪后，我国在气动效应相关领域取得了长足进展，先后结合合武、石太、武广、京沪等高速铁路联调联试及综合试验开展了大量隧道气动效应相关研究，并取得了一系列研究成果，为我国高速铁路发展提供了相应的技术支持。本书通过对武广、京沪、郑西等几十条高速铁路联调联试及综合试验海量数据的挖掘，并结合仿真计算，系统阐述了列车高速通过隧道时影响气动效应的主要因素及其对隧道净空面积、线间距、附属设施等的影响，提出了隧道空气动力学效应在高速铁路隧道工程中的运用与实践，本书成果可为我国高速铁路隧道的设计与建设提供参考。

全书共分9章：第1章论述了目前隧道气动效应在国内外的研究进展及涉及的科学问题；第2章介绍了隧道空气动力学相关研究方法，包括理论分析、实车试验、模型试验和有限元仿真计算等；第3章分析了影响隧道气动效应的主要因素及相关参数计算方法、评判标准等；第4章主要对国内外高速铁路线间距进行了对比分析，介绍了我国铁路线间距的确定方法，分析了线间距对列车动力学性能的影响；第5章从实车试验和数值仿真两方面分析了隧道内设置套衬导致隧道净空断面突变对隧道气动效应的影响；第6章总结了世界各国铁路隧道净空面积现状，提出了不同速度高速铁路隧道净空断面积优化的建议；第7章分析了海拔变化对隧道气动效应的影响；第8章介绍了地下车站气动效应的研究现状、机理，分析了站台门系统和泄压井对地下车站气动效应的影响；第9章分析了附属设施气动荷载的影响因素，给出了附属设施气动荷载分布规律。

本书由柳墩利总策划并组织撰写、统稿，马伟斌主审，主要撰写人员包括马伟斌、程爱君、方雨菲、郭小雄、郑泽福、王辰。在本书撰写过程中，得到了多方面的支持和帮助。铁科院集团公司赵有明研究员、龚增进研究员、韩自力研究员、刘艳青研究员、张千里研究员、赵欣欣研究员、郭湛研究员，中铁西南院吴剑教授级高工提出了许多宝贵的意见；交通运输行业高层次人才培养项目对本书进行了资助，在此一并致以最诚挚的谢意！特别感谢国家铁路局工程质量监督中心和中国铁道出版社有限公司为本书出版付出的努力！本书引用了铁科院集团公司有关高速铁路联调联试以及相关科研项目的研究成果、国内外同行和参考文献中的部分研究成果，在此对所有资料提供者和原创者表示感谢！

鉴于作者水平有限，本书不当之处在所难免，敬请读者不吝赐教，以利改正。

作　者

2021 年 10 月于北京

目　录

1

绪　论

当列车高速驶入隧道时，原来占据着空间的空气被排开，空气的黏滞性以及气流对隧道壁面和列车表面的摩阻作用使得被排开的空气无法像在明线那样及时、顺畅地沿列车两侧和上部流动，列车前方的空气受压缩，随之产生特定的压力变化过程，引起相应的空气动力学效应并随着行车速度的提高而加剧。

1.1　高速铁路隧道空气动力学研究背景

高速铁路的发展，必然伴随着大量隧道工程的出现，主要是与线路标准的提高有关，例如曲线半径的增大、坡度的变缓等。特别的，我国是一个多山的国家，是一个隧道大国，既有隧道已经达到 16 798 座，还有新建和拟建的隧道。在这些线路上，长大隧道和隧道群分布十分广泛。在高速运行的条件下，列车在进出隧道的瞬间以及在隧道中会车和运行过程中，列车活塞风以及空气阻力的变化较低速时剧烈得多，会带来新的空气动力学和环境学问题。如列车在进入隧道时，在车头和车尾处要产生压缩波和膨胀波，从而会引起车内的压力波动，给乘客的听觉造成不适；在隧道出口处，也会形成微气压波，产生爆炸声和车窗的振动等不良效果，影响周围的环境。对于高速列车所带来的副作用，如果不能对此进行深入的研究，妥善解决各种问题，必然限制和阻碍高速铁路的进一步发展。

压力波动、出口微气压波以及洞内行车阻力的增大等，这些均为列车速度目标值比较高的高速铁路隧道的显著特点，它们不仅对行车安全产生至关重要的影响，而且会危及隧道中作业人员和过往人员的安全。为了实现高速铁路的安全、舒适、低能耗和满足环境保护的要求，必须对高速列车空气动力学问题进行深入细致的研究，并采取相关的技术保证措施，主要从两方面着手解决：一是列车结构密封性的加强，二是对隧道结构设计做必要的优化。从隧道结构方面分析问题，这样就对隧道技术提出了新的要求，主要是空气动力学特性方面的要求，这是保证行车安全的必要条件。

高速列车驶入隧道的行为类似于一个宽松的活塞，活塞风引起隧道内空气剧烈流动。当列车以高速（$v=250\sim350$ km/h）进入隧道时，列车带动的空气被迫平行的流动于隧道轴线方向，大量空气被列车推到车头，形成压缩波，随之产生特定的压力变化过程，此波以近声速的速度沿隧道向前传播，在隧道出口洞门处，突然释放向周围地区辐射形成微气压波，即列车在隧道中的空气动力学效应。相应的，空气动力学效应随着行车速度的提高而加剧。

高速列车突入隧道洞口时所产生的流场是复杂的三维、可压缩、非定常的紊流流场。这个流场的特殊之处在于，它是由无限边界向有限边界过渡的一个流场，既不同于风洞试验中的有限边界流场，也不同于火箭、飞机所在的无限边界流场，这就决定了该流场研究在理论上的复杂性。另一方面,隧道洞口的压力场和速度场,是解决其他隧道空气动力学问题的基础和前提。

1.2 高速铁路隧道空气动力学研究进展

自20世纪60年代日本新干线投入运营后,日本和欧洲一些国家相继围绕高速铁路隧道气动效应问题开展了一系列研究,其研究范围主要集中在压力波的变化梯度及乘客的舒适度、压力波和微压波的传播和形成机理及其计算方法、削减压缩波和微压波的各种方案以及相关试验方法等方面的研究。其中,日本由于对列车空气动力影响行车安全问题估计不足,复线间距和隧道断面面积较小(可节约工程投资),导致只能从改善列车头型和密封性等角度进行大量研究,但隧道气动效应仍是影响日本铁路运行速度提高的主要问题,另外日本对洞口微压波的测试与研究相对较深入,而英法等国家由于隧道净空断面积大于日本且大多采用有砟轨道,因此,对洞口微气压波的研究较少,相对来说对乘车舒适度以及海底隧道气动效应方面研究较多。

我国自20世纪70年代末就开始关注隧道空气动力学问题,中国铁道科学研究院集团有限公司(以下简称铁科院)、西南交通大学将空气流动简化为一维气体流动,实现列车在隧道内运行全过程的模拟,编制了计算隧道内瞬变压力的一维数值模拟程序,并建立了水槽法模型试验平台来对该程序进行验证和改进,同时也提出了针对我国国情对隧道空气动力学问题进行进一步研究的必要性。

我国铁路从20世纪90年代开始对高速铁路隧道空气动力学技术进行研究。通过对国外资料的分析、数值模拟计算以及现场测试等手段,对隧道—列车空气动力耦合特性有了一定的研究。参考国外相关标准,确定了我国客运专线的单、双线隧道的断面尺寸和客运专线隧道舒适度标准。2008年11月至2011年5月,先后结合合武铁路、石太客运专线、武广高速铁路、郑西高速铁路及京沪高速铁路联调联试,进行了现场实车试验,较为系统地研究了200~250 km/h、300~350 km/h速度隧道气动效应。

200~250 km/h隧道气动效应的试验研究是结合合武铁路和石太客运专线的联调联试及检测试验进行的。该研究是我国铁路首次进行较为系统的隧道气动效应试验研究,内容涉及不同列车通过隧道或隧道内交会的车内压力变化、车体承受气动荷载、瞬变压力、列车风、洞口微气压波、辅助设施气动力、隧道附加阻力和货物列车运行安全等。通过对两条线的测试结果进行综合处理、分析,总结了隧道气动效应的规律,验证了理论计算的部分结果。

300~350 km/h隧道气动效应的试验研究是结合武广高速铁路、京沪高速铁路联调联试进行的,主要验证了动车组以380 km/h速度通过隧道和以350 km/h速度在隧道内及洞口交会时产生的气动效应对列车运行安全性、车体强度和乘坐舒适性的影响;获得了动车组通过隧道和隧道内交会时,列车车内外压力、车内压力的3 s变化量随隧道长度、隧道内位置和速度的变化规律;得到了300~380 km/h速度下隧道内瞬变压力、洞口微气压波和列车风随车速的变化规律和经验关系;得到了微气压波随隧道长度的变化规律和不同速度下的关系曲线,指出存在一个导致微气压波显著增长的隧道长度范围,得到了不同车速下需要采取缓冲措施的隧道临界长度,得到了特定车辆密封条件下隧道内与车内瞬变压力的相关关系及其随隧道长度的变化规律，提出了不同长度隧道内瞬变压力的临界限值，获得了长度 2.8 km、10.1 km 隧道的附加阻力值和总阻力曲线；获得了隧道内辅助设施受到的气动力与列车速度的关系，得到了横通道防护门、水沟盖板升力以及其他辅助设施受到的气动力，验证了隧道内附属设施气动力的安全性。

1.3 高速铁路隧道气动效应涉及的科学问题

我国是一个多山国家，山地约占全国面积的 1/3，山区面积占全国陆地面积的 2/3。在我国发展高速铁路必然伴随着大量隧道工程，主要是与线路标准的提高有关，如曲线半径的增大、坡度的变缓等。作为一个隧道大国，截至 2020 年底，我国投入运营的铁路隧道 16 798 座/19 630 km，还有若干新建和拟建的隧道。在高速运行的条件下，列车在进出隧道的瞬间以及在隧道中运行和会车过程中，列车活塞风以及空气阻力的变化较低速时剧烈得多，会带来新的空气动力学和环境学问题。如列车在进入隧道时，在车头和车尾处产生压缩波和膨胀波，从而会引起车内的压力波动，给乘客的听觉造成不适，在隧道出口处形成微气压波，产生爆炸声和门窗的震动等不良效果，影响周围环境。高速铁路隧道气动效应主要涉及的科学问题见表 1—1。若不能对此进行深入研究，妥善解决各种问题，必然限制和阻碍高速铁路的进一步发展。

表 1—1 高速铁路隧道空气动力学涉及工程问题

序号	空气动力学问题	造成影响	涉及工程问题
1	列车交会引起的空气动力及会车压力波	运行稳定性，乘客乘坐舒适性	线间距
2	隧道压力波	压力舒适性，车内环境，列车气密性	隧道断面
3	隧道洞口微气压波	洞口环境，洞口附近建筑物环境	洞口缓冲结构
4	隧道内通风与传热	人员舒适性，火灾	通　风
5	列车风	站台人员，线路维护人员安全性	安全距离
6	气动噪声，次声波	车内及沿线环境	列车隔声与降噪，声屏障

当列车高速（$v \geqslant 250$ km/h）驶入隧道时，类似于一个宽松的活塞，将大量空气推到车头，形成压缩波，随之产生特定的压力变化过程，此波以近声速的速度沿隧道向前传播，在隧道出口洞门处突然释放，向周围地区辐射形成微气压波，即列车在隧道中的空气动力学效应。相应的，空气动力学效应随着行车速度的提高而加剧。高速列车突入隧道时所产生的流场是复杂的三维、可压缩、非定常的紊流流场。这个流场的特殊之处在于，它是由无限边界向有限边界过渡的一个流场，既不同于风洞试验中的有限边界流场，也不同于火箭、飞机所在的无限边界流场，这就决定了该流场研究在理论上的复杂性。另一方面，隧道洞口的压力场和速度场，是解决其他隧道空气动力学问题的基础和前提。

因此，压力波动、出口微气压波以及洞内行车阻力的增大等，这些均为高速铁路隧道的显著特点，它们不仅对行车安全产生至关重要的影响，而且会危及隧道中作业人员和过往人员的安全。

为实现高速铁路的安全、舒适、低能耗和满足环境保护的要求，必须对高速列车空气动力学问题进行深入细致的研究，并采取相关的技术保证措施。高速铁路隧道气动效应减缓措施主要包括隧道方面的改造措施和车辆方面的优化措施。车辆方面的优化措施主要有提高车体密封性、改善车头形状、增大车头长细比等。隧道方面最基本的减缓措施是增大隧道断面积和在隧道入口增设适当形式的缓冲结构。对于新建铁路隧道,需要对扩大隧道断面积和修建缓冲结构等措施进行经济上的比较来确定所需的减缓措施,对于既有隧道,通常需要修建入口缓冲结构。铺设碎石道床的长隧道较之板式道床的长隧道出口产生的微气压波的峰值要小得多,这主要是因为碎石为吸音材料。因此,对于长隧道,在隧道底部铺设碎石等多孔材料也可以对压缩波的波前梯度起到很好的消减作用。对于长大隧道,可以专门设计或利用已有的竖井、斜井或横洞来达到减缓气动效应的目的,但是,当列车通过辅助坑道时,会引起车内的压力波动,从而可能导致列车上的乘客产生不舒适感,所以要对方案进行综合分析。

2

隧道空气动力学研究方法

2.1 概述

高速铁路隧道空气动力学问题的研究方法包括理论分析法、实车试验、缩尺模型试验、有限元仿真计算等。

1. 理论分析法

理论分析方法在研究流体运动规律的基础上提出各种简化流动模型，建立各种流动类型的控制方程，在一定的假设条件下经过系列的解析推导和运算，得到问题的解析解。其最大特点是往往给出带普遍性的信息，在很多情况下可以得到封闭的、简单的公式，因此可以用最小的代价和时间给出规律性的结果和变化趋势。但理论分析方法常常无法用于研究复杂的、非线性为主的流动现象，如列车交会、通过隧道、大风影响等问题的流动现象。

2. 实车试验

在线实车试验是在实际线路上用试验列车或运营列车进行的列车空气动力学试验。实车试验能反映列车运行的真实情况，通过实车测试能获得真实环境下列车的空气动力性能，因此它可为检验模拟试验及数值模拟计算的准确程度提供依据，是研究列车空气动力学的一种重要手段，如图 2—1 所示。

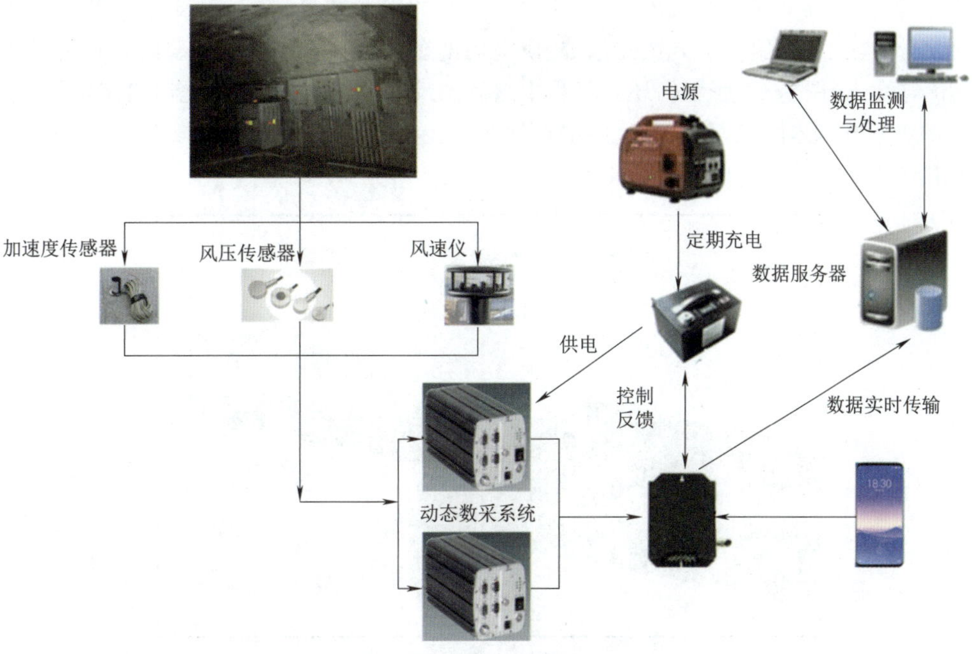

图 2—1　实车试验测试原理

所有研究方法中，实车试验是最准确、最可靠的研究方法，通过实验可获得最契合实际的数据，并且可以通过实车试验来验证其他模拟方法的准确性。但实车试验耗资巨大，且易受到外界环境的影响，有时由于测量技术以及测量设备的误差，出现精度差异，有时甚至可能出现不合理的结果。

3. 模型试验

模型试验是根据流动相似原理，将列车、隧道、线路和地貌等相关物体按几何相似原理，进行等比例缩尺，制成缩尺模型，对列车进行空气动力学特性测试的试验；可通过弹射装置，使列车按预定速度运行，真实再现列车交会、列车与地面、列车与周围环境之间的相对运动，模拟列车通过隧道、隧道内交会、列车风等空气三维非定常可压缩流动过程，获得真实环境下列车的相关隧道空气动力学特性规律，是研究和测试高速列车隧道空气动力性能的重要方法，如图 2—2所示。

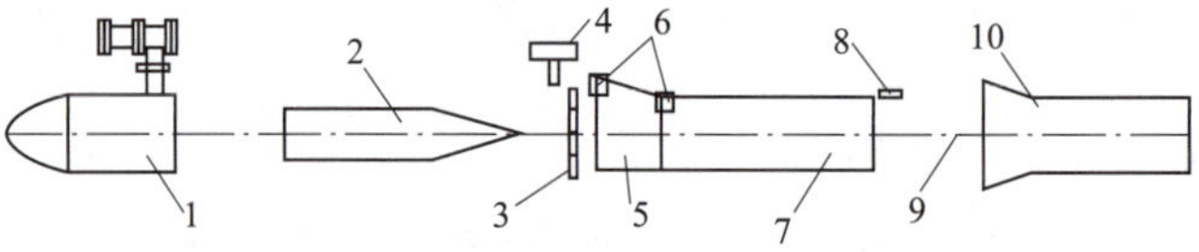

图 2—2　发射式列车试验模型

1—发射装置；2—列车模型；3—可视烟流发生器；4—高速数码照相机；5—缓冲结构；6—压力传感器；7—模型隧道；8—噪声传感器；9—定向钢丝；10—模型回收机构

模型试验结果准确，各种参数易于控制，且不受天气变化的影响，被广泛用于研究列车明线扰流、列车表面边界层发展与分离、列车气动外形设计研究等情况，但动模型建设试验平台以及试验费用昂贵，而且测试工况比较单一，对会车、明洞、有特殊结构的隧道以及特殊线路的测试比较困难，而且非定常可压缩三维流动的列车空气动力学问题也存在缩比是否恰当等问题。

4. 数值仿真计算

近年来，由于计算机计算能力的迅速发展，数值仿真模拟也快速发展起来。数值模拟方法研究成本低，不受试验固有条件的限制，可以将各种现象或条件分别考虑，模拟不同的流场环境，深入认识各种流动现象的机理，得到非线性问题的定量结果，在工程设计过程中通过计算能得到大量流场信息，用于多方案比选等，研究周期短、费用低，与各种模型试验和实车试验相比有其优越性，如图 2—3 所示。还有工程中遇到的反问题，诸如要求预先给出流动结果，然后通过计算来得出具体优化方案，而这些都是试验所无法做到的。数值模拟方法成为研究高速列车隧道空气动力学的重要手段。

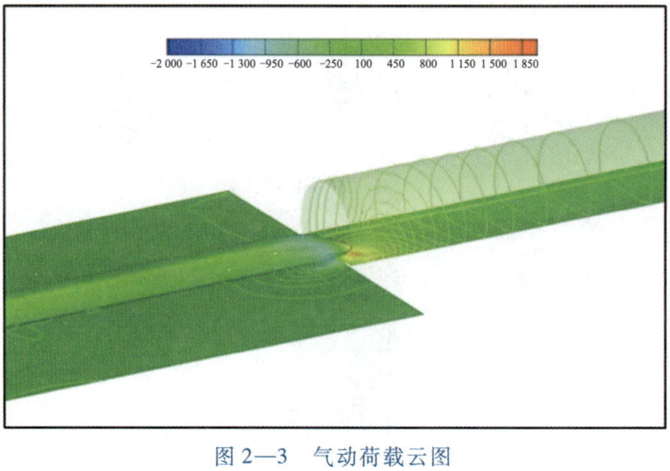

图 2—3　气动荷载云图

2.2 隧道空气动力学理论分析

空气动力学是力学的一个分支,研究飞行器或其他物体在同空气或其他气体做相对运动情况下的受力特性、气体的流动规律和伴随发生的物理化学变化。它是在流体力学的基础上,随着航空工业和喷气推进技术的发展而成长起来的一个学科。1738 年,伯努利得到了无黏流体的流速和压强关系公式,即伯努利公式。1755 年,欧拉提出了无黏流体运动的微分方程。19 世纪上半叶,法国的纳维和英国的斯托克斯提出了描述黏性不可压缩流体动量守恒的运动方程,被称为纳维—斯托克斯方程(N—S 方程)。虽然方程形式复杂,只有极少数简单的黏流问题能得到解析解,但 N—S 方程至今仍是黏性流体运动的基本方程。1883 年,雷诺由实验发现,实际流动有两种流态,即层流和紊流,不仅质点的运动轨迹不同,而且整个流动的结构有显著的差异。在水流中,物质和热的扩散运动、水流能量损失和水流阻力的规律等均不一样。决定流态的是一个复合参数,后被命名为雷诺数。1904 年,普朗特提出了附面层理论(又称边界层),认为虽然所有的实际流动都是有黏性的,但如果流动的雷诺数很大,则在流动中黏性力的重要性并不是到处一样的,离开固体边界很远的地方,黏性力基本不起作用,只在物面附近一层很薄的流体(称附面层、边界层)内,黏性力才是不可忽视的。于是,边界层以外的流动可以忽略黏滞性而近似地按理想流体来处理,而黏流计算可被限制在很薄的附面层内,使 N—S 方程得到大大简化,许多实际问题得到了解答。至此,具有实际意义的现代空气动力学形成,并在服务于航空事业的过程中不断发展。空气动力学的基础是空气流动过程中的质量守恒、能量守恒和动量守恒定律,产生了描述空气运动规律的基本方程组,此外,还包括空气状态方程。

1. 理想气体状态方程

理想气体状态方程是描述理想气体在处于平衡态时,压强、体积、物质的量、温度间关系的状态方程。它建立在玻义耳—马略特定律、查理定律、盖—吕萨克定律等定律的基础上,由法国科学家克拉珀龙(Benoit Pierre Emile Clapeyron)于 1834 年提出,见式(2—1)。

$$pV = nRT = \frac{M}{\mu}RT \tag{2—1}$$

式中 M——气体质量;

R——普适气体常数,其取值与状态参量的单位有关,在国际单位制中 $R=8.31$ J/(mol · K);

p——压强;

T——绝对低温。

2. 可压缩黏性气体的基本运动方程

令一点的笛卡尔坐标系为 x_i ,此处 $i=1,2,3$,在时刻 t ,坐标 x_i 点的流体速度分量记为 u_i ($i=1,2,3$)。

取一个边长为 dx_1 、dx_2 、dx_3 的立方体,根据质量守恒定律,单位时间流出立方体的净质量流量等于立方体质量的变化,即

$$\left[\frac{\partial(\rho u_1)}{\partial x_1} + \frac{\partial(\rho u_2)}{\partial x_2} + \frac{\partial(\rho u_3)}{\partial x_3}\right]dx_1 dx_2 dx_3 = -\frac{\partial \rho}{\partial t}dx_1 dx_2 dx_3 \tag{2—2}$$

于是,质量守恒方程或者连续方程为

$$\frac{\partial\rho}{\partial t}+\frac{\partial(\rho u_1)}{\partial x_1}+\frac{\partial(\rho u_2)}{\partial x_2}+\frac{\partial(\rho u_3)}{\partial x_3}=0 \tag{2—3}$$

利用取和约定,即 $\frac{\partial(\rho u_i)}{\partial x_i}=\sum_{i=1,2,3}\frac{\partial(\rho u_i)}{\partial x_i}$,则有

$$\frac{\partial\rho}{\partial t}+\frac{\partial(\rho u_i)}{\partial x_i}=0 \tag{2—4}$$

根据列斯计算方法,单位时间单位体积在 i 方向的动量增量为

$$\frac{\partial(\rho u_i)}{\partial t}+\frac{\partial(\rho u_i u_j)}{\partial x_j}$$

动量是由于微元立方体的物质受净作用力的缘故,作用力有两个来源,设 X_i 代表单位质量所受的自来外源的力在 i 方向的分量,则加速方向的净分力为

$$\frac{\partial(\pi_{ji})}{\partial x_i} \text{ 或 } \frac{\partial(\pi_{ij})}{\partial x_j}$$

根据张量 π_{ji} 的对称性,此两项可以互换。单位时间单位体积的 i 方向动量净增量等于作用于单位体积的 i 方向分力,则动力学方程为

$$\frac{\partial(\rho u_i)}{\partial t}+\frac{\partial(\rho u_i u_j)}{\partial x_j}=\rho X_i+\frac{\partial(\pi_{ij})}{\partial x_j} \tag{2—5}$$

将左侧项展开,并引入连续性方程,式(2—5)可写为

$$\frac{\partial u_i}{\partial t}+u_j\frac{\partial u_i}{\partial x_j}=X_i+\frac{1}{\rho}\frac{\partial\pi_{ij}}{\partial x_j} \tag{2—6}$$

引入黏性应力张量 τ_{ij} , $\tau_{ij}=\pi_{ij}+\delta_{ij}P\begin{pmatrix}\delta_{ij}=1 & i=j\\ \delta_{ij}=0 & i\neq j\end{pmatrix}$,则式(2—5)、式(2—6)变为

$$\frac{\partial(\rho u_i)}{\partial t}+\frac{\partial(\rho u_i u_j)}{\partial x_j}=-\frac{\partial p}{\partial x_i}+\rho X_i+\frac{\partial\tau_{ij}}{\partial x_j} \tag{2—7}$$

$$\frac{\partial u_i}{\partial t}+u_j\frac{\partial u_i}{\partial x_j}=-\frac{1}{\rho}\frac{\partial p}{\partial x_i}+X_i+\frac{1}{\rho}\frac{\partial(\tau_{ij})}{\partial x_j} \tag{2—8}$$

式(2—5)~式(2—8)是动力学方程的四种形式。

记随流体微团的时间导数为 $\frac{\mathrm{D}}{\mathrm{D}t}=\frac{\partial}{\partial t}+u_i\frac{\partial}{\partial x_j}$,则单位质量流体的内能 e 在单位时间内单位体积的增量为 $\rho\frac{\mathrm{D}e}{\mathrm{D}t}$ 。

此能量的增量来自三个方面:第一,来自吸收辐射热、化学反应及燃烧热的外加热等,记单位时间内加给单位质量的热能为 Q ;第二,来自热传导,其热量矢量 q_i 实际是减少微元立方体的能量,所以单位时间单位体积的热能增量为 $-\frac{\partial q_i}{\partial x_i}$;第三,来自应力张量 π_{ij} ,对流体所做的功为 $\pi_{ij}\frac{\partial u_i}{\partial x_j}$ 。则能量守恒方程为

$$\frac{\mathrm{D}e}{\mathrm{D}t}=Q-\frac{1}{\rho}\frac{\partial q_i}{\partial x_i}+\frac{1}{\rho}\pi_{ij}\frac{\partial u_i}{\partial x_j} \tag{2—9}$$

利用黏性应力张力和连续性方程可将式(2—9)演化为又一形式:

$$\frac{\mathrm{D}}{\mathrm{D}t}\left(h+\frac{1}{2}u_iu_i\right)=Q+u_iX_i+\frac{1}{\rho}\frac{\partial p}{\partial t}-\frac{1}{\rho}\frac{\partial q_i}{\partial x_i}+\frac{1}{\rho}\frac{\partial}{\partial x_i}(\tau_{ij}u_j) \tag{2—10}$$

其中，$h=e+(p/\rho)$ 是单位质量的焓，式(2—10)也表示焓与动能之和的变化率。

3. 无黏流动的基本运动方程

当流体运动的雷诺数足够大且主演注意流动的宏观性时，可以忽略黏性效应，即将流动看作无黏流动。此时，在直角坐标系 $Ox_1x_2x_3$ 中的基本方程为忽略黏性项的可压缩性气体的基本运动方程。

4. 不可压黏性流动的基本运动方程

当流体运动速度和声速相比足够小时，流体黏度和密度近似为常数，这种流动称为不可压黏性流动。此时，基本运动方程也可由可压缩黏性气体的基本运动方程简化得到。

2.3 实车试验

2.3.1 概述

实车试验是研究隧道空气动力学问题最直接的手段，可以用于修正数值仿真计算中的参数，验证模型试验方法及结论。欧洲铁路联盟、日本等国在隧道气动效应研究过程中均进行了大量的实车试验。

铁科院自20世纪90年代开始在高速铁路空气动力学相关领域开展研究。广深准高速列车开通后，在列车交会时，曾出现前、侧窗玻璃震坏以及其他一些空气动力学问题，为此，1996年11月在广深准高速线上进行了准高速列车实车空气动力学试验，获得了列车交会压力波产生的机理，特别是高、低速列车混跑时的相互影响，并为我国在既有线提速及高速铁路发展提供了空气动力学方面的科学依据。

1997年1月，铁科院在环形铁道试验基地创造当时我国铁路史上212.6 km/h的最高试验速度。在该次试验中首次开展了以200 km/h速度运行的列车气动特性的测试工作，进行了车辆内外微气压、司机室前窗外气压测量以及线路侧向人员安全避让距离的测试。在此基础上，提出了《高速试验列车密封技术总体技术条件(送审稿)》。同年，开展了《时速160～200公里线桥隧设计暂行规定》研究与编制，通过资料收集比选，计算仿真，结合现场测试数值计算提出了隧道设计参数包括阻塞比、隧道内净空断面参数、洞口辅助结构物设置条件以及列车空气阻力增量等，形成了《时速160～200公里线桥隧设计的暂行规定》。

1998年，铁科院在郑武段时速240 km综合试验中开展了列车交会试验，当相对速度275 km/h时，试验列车玻璃被巨大的交会压力波吸走，另两块玻璃被气流打碎，列车交会气动性能的影响随着速度的提升越来越凸显了。

2008～2009年，结合合武铁路和石太客运专线的联调联试开展了200～250 km/h隧道气动效应的试验研究，该试验是我国首次较为系统的隧道气动效应试验研究，掌握了列车通过隧道及在隧道内交会时车内外气动荷载、隧道内瞬变压力、列车风、洞口微气压波、辅助设施气动力、隧道附加阻力等气动效应相关参数变化规律，为研究确定动车组、货物列车通过隧道的速度和运行安全性提供了科学依据。

2009年，结合武广高速铁路联调联试，开展了350 km/h高速铁路隧道气动效应试验研究。试验系统地开展了动车组通过隧道与隧道内交会时列车气动效应的理论研究，在列车内外瞬变压力、隧道内瞬变压力与洞口微气压波关系以及实现隧道内精确交会控制方法等方面取得重大突破；系统地开展了动车组高速通过隧道时气动效应试验研究，在动车组隧道内高速交会试验、列车内外和隧道内瞬变压力以及洞口微气压波测试、长大隧道测试技术、列车附加阻力测试方法以及洞内附属设施气动力等方面获得重大技术突破；首次将高速动车组车体气密强度、旅客乘坐舒适度、隧道内瞬变压力与洞口微气压波以及附属设施气动力等研究成果纳入相关的规范及标准制订中；理论与试验研究成果首次应用于武广、郑西、京沪等高速铁路隧道设计与施工等工程实践以及动车组强度、密封设计与结构优化中。

2.3.2 试验内容

列车通过隧道及在隧道内交会时产生的气动力一方面会对列车本身和列车运行产生作用，另一方面列车高速运行引起的气动现象对周围环境产生影响。过实车试验可评价气压变化环境下人体舒适性、列车气密性及对周边环境影响。试验内容包括车内外瞬变压力、隧道内瞬变压力、洞口微气压波、隧道内列车风、附加阻力等。

1. 车内、外气动力

列车通过隧道及在隧道内交会过程中，由于车辆密封性及车体弹性变形影响，会导致车体外部气动力传导至车体内部，引起车体内部压力发生变化，进而影响乘客乘坐舒适性。

在现场测试中，车厢内部测点布置主要考虑合适的布点部位，不考虑传感器的布置方向；车外测点主要布置在头车司机室前窗和侧窗、开闭机构、车间风挡、车体侧窗及转向架附近有空气流场突变的部位，车体部分由于截面形状一致，流场变化很小，测点布置得也相对较少。

2. 隧道内瞬变压力

对于长大重点隧道，为了研究压缩波在隧道内的传播、激化情况及最不利隧道长度，沿隧道长度在同一侧间隔一定距离布置气压传感器，确保各传感器的状态为同一标准，做到信号同步采集，便于数据的分析。对斜井、竖井等气压变化剧烈的位置，布置专项测点，研究压力波在斜井等辅助坑道处的变化情况及辅助坑道对隧道气动效应的影响。

3. 隧道洞口微气压波

微气压波列车高速通过隧道时产生的空气动力学问题之一，其实质是低频噪声和震动问题，它使得列车高速驶入隧道时，在另一侧出口产生“声爆”。国内外研究结果表明，列车入洞产生的压缩波的频域都主要集中在低频区域，能量主要集中于100 Hz以下，且大部分情况下都集中在20 Hz以下，其中，频率在20 Hz以上的部分主要形成人耳可听到“音爆”，而20 Hz以下的部分则主要使得隧道出口附近的轻型结构如窗户的玻璃等产生剧烈晃动。微气压波在隧道洞口近似以球形向外传播，其峰值基本上与方向无关。

4. 列车风

由于空气的黏滞性作用，列车在地面高速运行时将带动列车周围空气随之运动，形成一种特殊的非定常流动，通常称为列车风。列车风的大小与隧道有效净空面积、列车外形尺寸、长度、速度等因素有关。

5. 隧道内附加阻力

与明线情况不同，隧道空气阻力的边界条件为有限空间，增加了一处摩擦界面，因此导致隧道空气阻力的问题比较复杂。隧道空气阻力主要包含两部分：一是压差阻力，为列车进入隧道后驱使空气移动,造成列车头部正压与尾部负压的压差,产生阻碍列车运动的阻力;二是摩擦阻力,是由于机车外形原因,隧道内的空气产生紊流,造成空气与列车表面、与隧道表面的摩擦,产生阻碍列车运动的阻力。附加阻力大小与隧道长度、阻塞比、竖井分布等有关,在现场测试时,在实车惰行试验中采用压力传感器进行隧道内附加阻力测试。

6. 附属设施气动力

隧道内附属设施包括配电箱、电缆卡子、指示灯、隧道灯、照明灯、下锚坠砣、集线盒、指示牌、人行步道板及防护门等。为得到动车组通过隧道以及在隧道内交会时隧道内辅助设施受到的气动力,在隧道内附属设施表面布置气压传感器,测量列车通过隧道及在隧道内交会时附属设施受到的气动力。

2.4 仿真计算

2.4.1 计算流体动力学基础

高速列车通过隧道时引起周围空气的流动是黏性、可压缩、不定常的三维湍流流动,它需要遵循质量守恒定律、动量守恒定律和能量守恒定律。如果只考察单相流体的热力性质,没有辐射、化学和电磁作用,不计重力和浮力,那么守恒原理在流体力学中的表达形式如下:

质量守恒
$$\frac{1}{\rho}\frac{\mathrm{D}\rho}{\mathrm{D}t}+\nabla\cdot\boldsymbol{v}=0 \tag{2—1}$$

动量守恒
$$\rho\left(\frac{\mathrm{D}\boldsymbol{v}}{\mathrm{D}t}\right)=\nabla\cdot\boldsymbol{P} \tag{2—2}$$

能量守恒
$$\rho\frac{\mathrm{D}}{\mathrm{D}t}(e+\boldsymbol{v}\cdot\boldsymbol{v}/2)=\nabla\cdot(\boldsymbol{P}\cdot\boldsymbol{v})+\nabla\cdot(K\nabla T) \tag{2—3}$$

式中,ρ 为流体密度;$\boldsymbol{v}$ 为流体速度矢量;$\boldsymbol{P}$ 为流体微团表面应力张量;e 为单位质量流体内能;K 为热传导系数;T 为绝对温度。

守恒方程各项都有明确的物理意义。式(2—1)表明:为了维持流体微团质量不生不灭,要求密度相对变化率等于负的体积相对变化率;式(2—2)表明:惯性力与系统外力之和为零;式(2—3)表明:流体微团总能的增长来源于表面力做功和外界传热。

根据质量守恒方程导出直角坐标系下微分形式的连续方程:

$$\frac{\partial\rho}{\partial t}+\frac{\partial}{\partial x_i}(\rho v_i)=0 \tag{2—4}$$

式中,t 为时间;ρ 为密度;x_i 为坐标分量;v_i 为速度分量。

运用牛顿第二定律得到直角坐标系下可压缩黏性流体的三个动量方程,即可压缩流的Navier—Stokes 方程:

$$\frac{\partial}{\partial t}(\rho v_i)+\frac{\partial}{\partial x_j}(\rho v_i v_j)=-\frac{\partial p}{\partial x_i}+\frac{\partial}{\partial x_j}\left[\mu\left(\frac{\partial v_i}{\partial x_j}+\frac{\partial v_j}{\partial x_i}-\frac{2}{3}\delta_{ij}\frac{\partial v_i}{\partial x_i}\right)\right] \tag{2—5}$$

式中,p 为压力;当 $i=j$ 时,$\delta_{ij}=1.0$,当 $i\neq j$ 时,$\delta_{ij}=0.0$;μ 为动力黏性系数。

根据能量守恒定律导出能量方程:

$$\frac{\partial}{\partial t}(\rho E)+\frac{\partial}{\partial x_i}[v_i(\rho E+p)]=\frac{\partial}{\partial x_j}\left(K\frac{\partial T}{\partial x_j}+v_i\tau_{ij}\right) \tag{2—6}$$

式中，$\tau_{ij} = \mu\left(\frac{\partial v_i}{\partial x_j} + \frac{\partial v_j}{\partial x_i}\right) - \frac{2}{3}\mu \frac{\partial v_i}{\partial v_j}\delta_{ij}$；$T$ 为温度；$E = e + \frac{1}{2}v_i v_i$；$K$ 为热传导系数。

假设空气是理想气体，则其状态方程为

$$p = R\rho T \tag{2—7}$$

式中，R 为气体常数。

式(2—4)、式(2—5)、式(2—6)、式(2—7)中含有 ρ、p、T、v_i 三个分量六个未知数，可以组成一个封闭的方程组。

与列车相关的流动现象大多数是湍流流动。因此，我们在讨论列车周围空气流场的数值模拟时，常常面临如何模拟湍流现象的问题。湍流的数值模拟方法主要有直接数值模拟湍流、大涡模拟和湍流模型(包括涡黏性模型和雷诺应力模型)。

目前，国际上对于直接模拟仅限于较低的雷诺数和有简单外形的问题，而对于列车周围复杂空气的三维流场数值模拟还不能适应。大涡模拟虽然已经开始应用于列车湍流和气动噪声的计算，但是由于这种方法需要很小的网格尺寸和很大的网格规模，对计算机的内存和计算速度有很高的要求，所以它还不能完全满足工程设计和应用的需求。雷诺应力模型和涡黏性模型中的 $k—\varepsilon$ 模型，在对列车周围空气流场的湍流数值模拟中应用最为广泛。

雷诺应力的涡黏性模式为

$$\tau_{tij} = -\rho\bar{v}v_j = 2\mu_t(S_{ij} - S_{nn}S_{ij}/3) - 2\rho k\delta_{ij}/3 \tag{2—8}$$

式中，μ_t 为涡黏性；S_{ij} 为平均速度应变率张量；ρ 为流体密度；k 为湍动能；δ_{ij} 为克罗内克算子。涡黏性定义为湍动能 k 和湍消耗率 ε 的函数。

$$\mu_t = C_\mu f_\mu \rho k^2/\varepsilon \tag{2—9}$$

基于量纲分析，涡黏性由流体密度 ρ、湍流速度尺度 k^2 和长度尺度 $k^{3/2}/\varepsilon$ 来标度，衰减函数 f 由湍流雷诺数 $Re_t = \rho k^2/(\varepsilon\mu)$ 来模化。

湍流输运方程可表示成湍流能量运输方程和能量耗散输运方程：

$$\frac{\partial(\rho k)}{\partial t} + \frac{\partial}{\partial x_j}\left[\rho v_j \frac{\partial k}{\partial x_j} - \left(\mu + \frac{\mu_t}{\sigma_k}\right)\frac{\partial k}{\partial x_j}\right] = \tau_{tij}S_{ij} - \rho\varepsilon + \varphi_k \tag{2—10}$$

$$\frac{\partial(\rho\varepsilon)}{\partial t} + \frac{\partial}{\partial x_j}\left[\rho v_j\varepsilon - \left(\mu + \frac{\mu_t}{\sigma_v}\right)\frac{\partial\varepsilon}{\partial x_j}\right] = c_{v1}\frac{\varepsilon}{k}\tau_{tij}S_{ij} - c_{\varepsilon2}f_2\rho\frac{\varepsilon^2}{k} + \varphi_\varepsilon \tag{2—11}$$

其中，右端项分别表示生成项、耗散项和壁面项。

式中各常数的值如下：$C_\mu = 0.09$，$c_{\varepsilon1} = 1.45$，$c_{\varepsilon2} = 1.92$，$\sigma_k = 1.0$，$\sigma_\varepsilon = 1.3$。

近壁衰减函数：

$$f_\mu = \exp[-3.4/(1 + 0.02Re_t)^2] \tag{2—12}$$

$$f_2 = 1 - 0.3\exp(-Re_t^2) \tag{2—13}$$

$$Re_t = \frac{\rho k^2}{\mu\varepsilon} \tag{2—14}$$

壁面项：

$$\varphi_k = 2\mu\left(\frac{\partial\sqrt{k}}{\partial y}\right)^2 \tag{2—15}$$

$$\varphi_v = 2\mu\frac{\mu_t}{\rho}\left(\frac{\partial^2 v_s}{\partial y^2}\right)^2 \tag{2—16}$$

式中，v_s 为平行于壁面的流动速度。积分到壁面的无滑移边界条件为：$k = 0$，$\varepsilon = 0$。

2.4.2 数值计算方法

根据离散原理不同,CFD 方法大体上分为三个分支,包括有限差分法、有限元法和有限体积法。目前求解流体流动问题最有效的数值方法是有限体积法,这种方法已经得到了广泛的应用。

有限体积法又称有限容积法,是从物理量守恒这一基本要求出发,通过对流场的有限子区域积分离散来构造离散方程。通过保持各控制容积内物理量守恒性,有限体积法表达了守恒定律。它适用于任意类型的单元网格,便于处理复杂几何形状。有限体积法各项都具有明确的物理意义,同时它可以吸收有限元法分片近似的思想以及有限差分法的高精度离散格式。由于以上这些特征,有限体积法逐渐成为工程界最流行的数值计算手段。

以下以一维欧拉方程为例,介绍有限体积法基本思路。

$$\partial \boldsymbol{U}/\partial t + \partial \boldsymbol{E}/\partial x = \boldsymbol{S} \tag{2—17}$$

式中,$\boldsymbol{U} = [\rho \quad \rho u \quad \rho E]^{\mathrm{T}}$,$\boldsymbol{E} = [\rho u \quad \rho u^2 \quad \rho eu]^{\mathrm{T}} = u\boldsymbol{U}$,$\boldsymbol{S} = [0 - \partial\rho/\partial x - \rho\partial u/\partial x]^{\mathrm{T}}$。

为了推导离散方程,将计算域离散化,如图 2—4 所示。

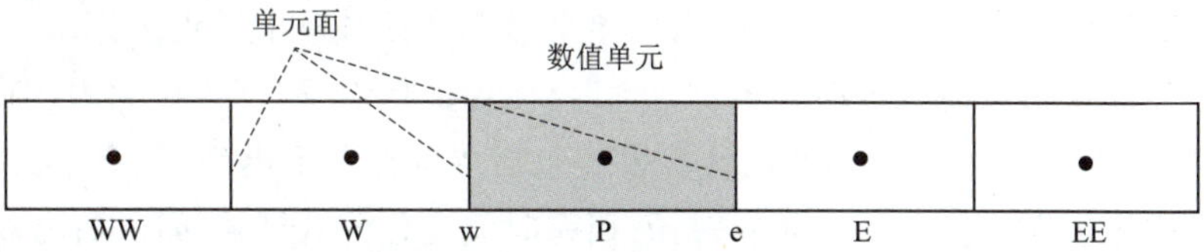

图 2—4 一维问题离散化示意

考察单元 P 内的流动参数,与它相邻的两个单元分别标记为单元 W 和单元 E,单元界面分别标记为界面 w 和界面 e。图中阴影区域表示单元 P 的控制体,控制体在 y 和 z 方向为单位厚度。

控制体内对式(2—17)积分,得到:

$$\int_w^e \int_{t_n}^{t_{n+1}} (\partial \boldsymbol{U}/\partial t)\,\mathrm{d}t\mathrm{d}x + \int_{t_n}^{t_{n+1}} \int_w^e (\partial \boldsymbol{E}/\partial x)\,\mathrm{d}x\mathrm{d}t = \overline{\boldsymbol{S}}\Delta x\Delta t \tag{2—18}$$

式中,$\overline{\boldsymbol{S}} = (\iint \boldsymbol{S}\mathrm{d}t\mathrm{d}x)/(\Delta t\Delta x)$ 。

假设物理参数在单元 P 内处处相等,那么时间倒数项可以写作:

$$\int_w^e \int_{t_n}^{t_{n+1}} (\partial \boldsymbol{U}/\partial t)\,\mathrm{d}t\mathrm{d}x = (\boldsymbol{U}_{\mathrm{P}}^{n+1} - \boldsymbol{U}_{\mathrm{P}}^{n})\Delta x \tag{2—19}$$

再对流项积分,积分时间间隔从 t_n 到 t_{n+1} ,需要假定被积函数在 $t_n \sim t_{n+1}$ 时间段内的变化规律,采用时间加权平均的近似表达式如下:

$$\int_{t_n}^{t_{n+1}} \varphi \mathrm{d}t \approx [(1-\theta)\varphi^n + \theta\varphi^{n+1}]\Delta t \tag{2—20}$$

式中,加权系数取值范围为 $0 \leqslant \theta \leqslant 1$ 。那么对流项的积分离散形式表示为

$$\int_{t_n}^{t_{n+1}} \int_w^e (\partial \boldsymbol{E}/\partial x)\,\mathrm{d}x\mathrm{d}t = [(1-\theta)(\boldsymbol{E}_{\mathrm{e}}^n - \boldsymbol{E}_{\mathrm{w}}^n) + \theta(\boldsymbol{E}_{\mathrm{e}}^{n+1} - \boldsymbol{E}_{\mathrm{w}}^{n+1})]\Delta t \tag{2—21}$$

当加权系数 $\theta = 0$ 时,导出的离散格式为显示格式;$0 < \theta < 1$ 时,为加权隐式格式;特别

的，$\theta = 1/2$ 时，为 Crank—Nicholson 格式；$\theta = 1$ 时，则为全隐式格式。

整理的离散方程：

$$\boldsymbol{U}_{\mathrm{P}}^{n+1} = \boldsymbol{U}_{\mathrm{P}}^{n} - \frac{\Delta x}{\Delta t}[(1-\theta)(\boldsymbol{E}_{\mathrm{e}}^{n} - \boldsymbol{E}_{\mathrm{w}}^{n}) + \theta(\boldsymbol{E}_{\mathrm{e}}^{n+1} - \boldsymbol{E}_{\mathrm{w}}^{n+1})] + \overline{\boldsymbol{S}} \tag{2—22}$$

式(2—22)中，$\boldsymbol{E}_{\mathrm{e}}$ 和 $\boldsymbol{E}_{\mathrm{w}}$ 为函数在单元边界上的值。为求解式(2—22)，需要假定物理参数的局部分布规律来构造 $\boldsymbol{E}_{\mathrm{e}}$ 和 $\boldsymbol{E}_{\mathrm{w}}$。例如二阶迎风格式的表达如下：

$$若\ u \geqslant 0,\ \boldsymbol{E}_{\mathrm{e}} = (3\boldsymbol{E}_{\mathrm{P}} - \boldsymbol{E}_{\mathrm{W}})/2,\ \boldsymbol{E}_{\mathrm{w}} = (3\boldsymbol{E}_{\mathrm{W}} - \boldsymbol{E}_{\mathrm{WW}})/2 \tag{2—23}$$

$$若\ u < 0,\ \boldsymbol{E}_{\mathrm{e}} = (3\boldsymbol{E}_{\mathrm{E}} - \boldsymbol{E}_{\mathrm{EE}})/2,\ \boldsymbol{E}_{\mathrm{w}} = (3\boldsymbol{E}_{\mathrm{P}} - \boldsymbol{E}_{\mathrm{E}})/2 \tag{2—24}$$

将式(2—23)和式(2—24)带入离散方程式(2—22)，并引入边界条件，联立代数方程组，通过求解代数方程组得到下一时刻微分方程的解。

$$\int_{t_n}^{t_{n+1}}\int_{w}^{e}(\partial \boldsymbol{E}/\partial x)\,\mathrm{d}x\mathrm{d}t = [(1-\theta)(\boldsymbol{E}_{\mathrm{e}}^{n} - \boldsymbol{E}_{\mathrm{w}}^{n}) + \theta(\boldsymbol{E}_{\mathrm{e}}^{n+1} - \boldsymbol{E}_{\mathrm{w}}^{n+1})]\Delta t \tag{2—25}$$

2.4.3 滑移网格法

由于列车与列车、列车与隧道的相对运动，在计算中，需要对移动区域的网格进行更新或重构。对于单一坐标系中的旋转问题，可采用单个参考坐标系模型设置坐标系的旋转角速度，而当多个物体间存在相对旋转运动或相对运动时，无论如何设置，都会遇到固体边界随时间变化的问题。Fluent 中用于处理类问题的计算模型包括多重参考系模型、混合平面模型、滑移网格模型。如果固体边界不发生平动或者转动，而是时间变化导致计算域随时间发生变化，则可以用动网格技术进行计算。

在计算中，一个计算区域相对于另一个计算域沿着网格分界滑动（旋转或平移），分界面上网格不需要进行对齐，由于流动的非稳态特性，在计算中需要使用瞬态分析。网格交界面及相关的交界面区域可以是任何形状。

动网格技术可用于计算运动边界问题，以及边界或计算域内某个物体移动的问题。动网格模型在每一个时间步迭代之前，根据边界或物体的运动变形更新和重新构造计算域的网格，从而达到计算各非定常的流固耦合、计算域随时间变形变化问题。动网格的含义就是计算域的网格是运动的、不断更新变化的。动网格重新构造的计算方法有 3 种：弹性光顺法、动态层变法和局部网格重构法。

动态层变技术是根据边界的移动量动态地增加或减小边界上网格层的技术，因此动态层变技术适用于六面体网格、楔形网格等可以在边界上分层的网格系统。动态层变技术在边界上假定一个优化的网格层高度，在边界发生移动、变形时，如果临近边界的一层网格的高度同优化高度相比大到一定程度时，就在边界与相邻网格层之间增加一层网格。相反，如果边界向内移动，临界边界的一层网格被压缩到以得程度时，临界边界一层的网格被删除。动态层变技术就是通过这种方法保持边界附的网格保持一定的密度。

在隧道气动效应数值模拟中，可采用滑移网格域和动态层变技术结合的方法，即在列车周围以及前后一段距离内设置一个移动域，而沿着列车运动方向的移动域前后，则设置为运动变形域，当前方网格运动到边界外，或者后方网格运动到边界内时，采用动态层变技术对网格进行更新重构，以保持整个计算域在计算过程中不变，如图 2—5 所示。

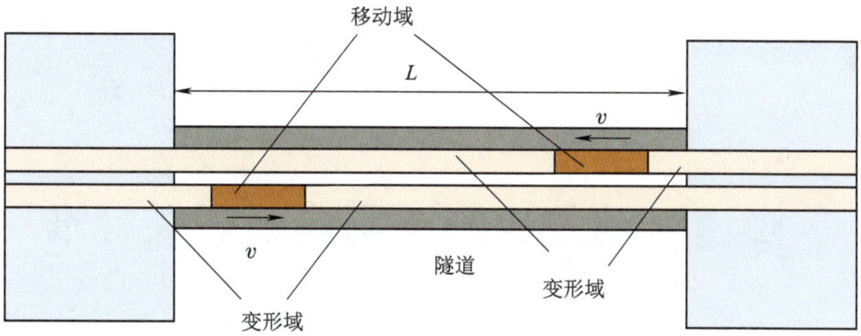

图 2—5 滑移网格模型 + 动态层变技术

2.5 本章小结

本章着重介绍了隧道空气动力学研究的几种常用方法——理论分析、实车试验、模型试验及仿真计算等的优缺点。实车试验是几种方法中研究隧道空气动力学问题最直接的手段，但成本较高，且现场试验工况受限，因此，在隧道空气动力学研究中可以采用实车试验 + 仿真计算/模型试验的方法开展研究，用实车试验数据修正数值仿真计算中参数，验证模型试验方法及结论。

3

隧道气动效应影响因素及相关标准

3.1 隧道内气动荷载

3.1.1 产生机理

当列车高速驶入隧道时,由于隧道边壁限制了空气的侧向流动和向上流动,使列车前方空气受压缩,即列车前方空气压力增大。被列车排开的空气一部分沿隧道向前流动,形成车前压缩波,另一部分则通过列车和隧道壁之间的环状空间向列车后方流动。压缩的空气和未压缩的空气间的分界面,称为压缩波的波前,它以音速沿隧道向前传播。随着列车进一步驶入隧道,环状空间的长度逐渐增大,在环状空间中流动的空气的阻力也随之增大,列车车前的空气压力继续升高,即压缩波强度继续增大,直到列车完全进入隧道为止。

当列车车尾一进入隧道,原先经过环状空间流出隧道进口的空气流到列车后面的隧道中,但经环状空间流到列车尾部的空气体积小于列车排开的空气体积,于是在列车尾端形成了低压区,即产生了膨胀波。该波也以音速沿环状空间向隧道出口方向传播。当此膨胀波传到环状空间的前端点(即列车的前端)时,其一部分以压缩波的形式反射回来,另一部分则仍以膨胀波的形式继续沿隧道向出口方向传播,到达隧道出口时,又以压缩波的形式反射回来沿隧道向隧道进口方向传播。

以上传播过程可用图3—1和图3—2来表示。由于摩擦不断消耗波的能量,压缩波和膨胀波的强度均逐渐衰减,且波在隧道两端和环状空间两端的多次反射和传播过程中,压缩波和膨胀波互相叠加,形成了隧道中的压力场随时间的波动。列车在隧道中运行时(无相向行驶列车)车上测得的最大压力波动发生在第一个反射波到达列车时,如图3—1所示。

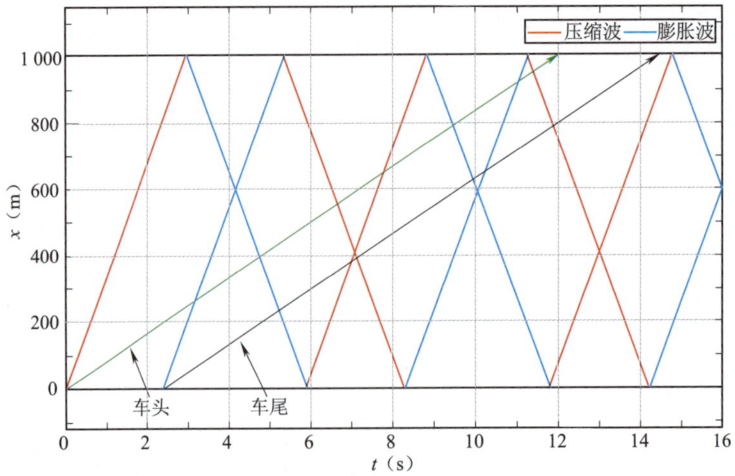

图3—1 单列车通过隧道时的马赫波传播情况

当双线隧道中有两列不同方向列车相向行驶时，隧道内压力波不仅具有单车行驶时的特性，而且还具有两列车相错前后所引起压力波的特点，所产生的叠加情况则更加复杂。图 3—2(a)表示两列车同时进入隧道时的马赫波传播的情况，图 3—2(b)表示列车 2 稍晚进入隧道时的马赫波传播的情况。

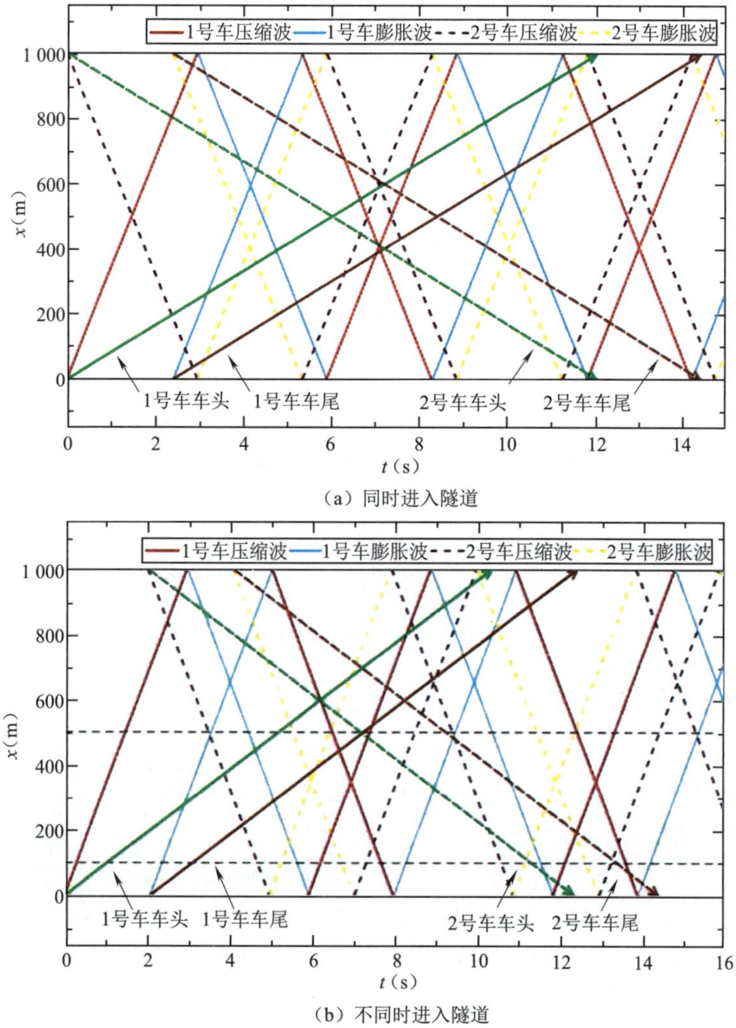

图 3—2 列车在隧道内交会时的马赫波传播情况

综上所述，列车进入隧道形成的压力波由两部分叠加而成：

(1)列车移动时从挤压、排开空气到形成低压整个过程引起的压力变化；

(2)列车车头进入隧道产生的压缩波以及车尾进入隧道产生的膨胀波在隧道两洞口之间来回反射产生的压力变化(马赫波)。

3.1.2 隧道气动荷载理论计算标准

BS EN14067-5:2006 详细规定了高速列车在隧道内隧道运行及交会时，列车表面及隧道内气动荷载理论计算方法。

图 3—3 为单列车通过隧道时，隧道内及车外测点的压力变化曲线。

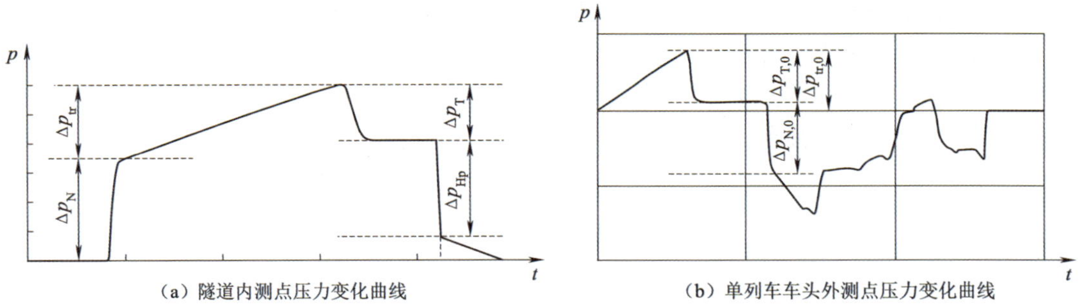

(a) 隧道内测点压力变化曲线　　(b) 单列车车头外测点压力变化曲线

图 3—3　单列车通过隧道时压力波时间历程曲线

(1)列车车头驶入隧道引起的压缩波传播到测点,引起测点压力急剧增大,如图中 Δp_N 所示;该压缩波传播到隧道出口后以膨胀波形式返回隧道内部,引起车外测点压力急剧降低 $\Delta p_{N,0}$,该值近似与 Δp_N 相等。

(2)随着列车车身不断驶入隧道,车身壁面摩擦使得隧道内测点压力继续缓慢增加,如图中 Δp_{tr} 所示。同时在车外测点可以测到压力变化 $\Delta p_{tr,0}$,近似与 Δp_{tr} 相等。

(3)车尾驶入隧道引起的膨胀波传播到测点,隧道内测点压力急剧降低,如图中 Δp_T 所示。同时在车外测点可以测到压力变化 $\Delta p_{T,0}$,近似与 Δp_T 相等。

(4)列车通过隧道内测点时,测点压力急剧降低,如图中 Δp_{Hp} 所示。

最不利情况下的最大压力变化峰值可用以下公式表示。

两列车隧道内交会或同向运行时隧道内测点:

$$\Delta p_{max} = 2\Delta p_N + 2\Delta p_{tr} + 2\Delta p_T + 2\Delta p_{Hp} \tag{3—1}$$

单列车通过时隧道内测点:

$$\Delta p_{max} = \Delta p_N + \Delta p_{tr} + \Delta p_T + \Delta p_{Hp} \tag{3—2}$$

两列车隧道内交会时车外压力测点:

$$\Delta p_{max} = 2\Delta p_N + 2\Delta p_{tr} + 2\Delta p_T + \Delta p_{Hp} + 2\Delta p_{alt} \tag{3—3}$$

单列车通过隧道时车外压力测点:

$$\Delta p_{max} = \Delta p_N + \Delta p_{tr} + \Delta p_T + \Delta p_{alt} \tag{3—4}$$

式中,$\Delta p_{alt} = g\rho_0 |\Delta h|$,表示海拔高度引起压力差。

通过测试或计算得到的最大压力变化峰值可为高速列车隧道气动荷载评估提供重要信息。

3.1.3　影响因素

1. 隧道长度

对于长隧道,来回反射的周期相应较大,在反射的过程中能量衰减较多;对于短隧道,马赫波反射的周期大为缩短。在反射过程中能量损失也较少,致使压力波动程度加剧。研究表明,压力波动绝对值与随隧道长度的关系是非单调增减的。当隧道长度短到使列车首尾不能同时在其中时,由于马赫波的叠加不可能发生,压力波动程度不显著。随着隧道长度增加,波动明显加剧,而当隧道长度进一步增大到 3.0 km 时,压力波动则并无显著加剧,反而有缓解趋向。因此,对高速铁路中的隧道,有的虽然不长(例如长度在1.0 km左右),其可能引起的行车时的压力波动仍然不能忽视。

列车在双线隧道交会时,最不利情况发生在列车交会在隧道中点时。

2. 隧道净空面积

对隧道内瞬变压力影响最主要因素(阻塞比)为隧道净空面积,隧道内压力波动与阻塞比之间存在如下关系:

$$P_{max} = kv^2\beta^N \qquad (3—5)$$

式中 P_{max}——3 s 内压力变化的最大值;

v——行车速度;

β——阻塞比;

N——单一列车在隧道中运行时,$N = 1.3 \pm 0.25$;考虑列车交会时,$N = 2.16 \pm 0.06$。

3. 辅助坑道

当列车前端进入隧道所产生的压缩波传播到隧道出口时,以膨胀波的形式沿隧道向隧道进口方向反射回来,但列车前端经过竖井时也要再产生一次压缩波,所以竖井的位置应能使初始压缩波反射回来的膨胀波与竖井处产生的压缩波正好在列车前端叠加。根据马赫波叠加情况,可以从理论上得到竖井的最佳位置为

$$\frac{4Ma^2}{(1 - Ma)^2} < \frac{X}{L} < \frac{2Ma}{1 + Ma}$$

式中 X——竖井距隧道进口的距离;

L——隧道长度;

Ma——马赫数,列车进入隧道时的速度与当地音速之比。

4. 列车速度

理论及现场实测结果表明压力波动基本和列车速度平方成正比。

5. 列车交会

双线隧道列车在隧道中交会引起压力波动的情况十分复杂,与列车长度、隧道长度、会车位置、车速等多种因素有关。

3.1.4 缓减措施

减小隧道内瞬变压力,进而减小车内压力波动,增加旅客乘坐舒适度,目前的措施主要有列车和隧道两方面。前者主要有减小车辆的横断面积、改善车头形状和增加车辆密封性;后者有增大隧道净空面积、设置缓冲结构、增加辅助坑道等。

3.2 旅客乘坐舒适性

3.2.1 旅客乘坐舒适性变化原因

人的鼻咽腔通过一个称为耳咽管(Eustachin 管)的器官同中耳相连。通常,耳咽管是关闭的。当鼻咽腔的压力比中耳的压力低将近 2 kPa 时,耳咽管会因收缩而自动打开,在外界气压降低的情况下,中耳和外部气压不平衡即得以消除,则不会作用于鼓膜的两边。而当外界气压增高时,鼻咽腔随之增高的气压不会自动传到中耳,因此在耳膜的两边产生压力差。在这种情况下,人体耳膜会产生不舒适感,必须通过吞咽、打呵欠或挤捏鼻子等动作来人为地开启耳咽管,以消除耳膜两边的不平衡压力。

因此,高速铁路隧道设计应通过正确地选择隧道设计参数,将压力波动控制到“允许”范围内。

评定压力波动程度一般采用的参数有:

(1)“峰对峰”最大值,即最大压力变化的绝对值;

(2)压力变化率的最大值。

将这两种指标单独使用均不能合理地同人的生理反应和乘员的舒适度相联系。例如,对于变化缓慢的压力过程,即使变化幅度较大,但由于来得及对耳腔压力进行主动(如做吞咽动作)或被动(外界降压时中耳通道将自动开启)调节,不会造成很大不适。当然,对于变化急剧的情况,尽管变化率较大,但只要变化幅度不大,也不会有多大问题。

3.2.2 国内外舒适度标准

1. 国外舒适性标准

目前在国外高速铁路设计中采用的各种舒适度准则大多用压力变化幅度 ΔP(峰对峰)、压力梯度峰值 $\mathrm{d}p/\mathrm{d}t$ 和一定时间内压力单调变化值 $\Delta P/\Delta t$ 等参数来表示。其中,一定时间内压力单调变化值这一参数克服了单纯用气压变化幅度或气压变化率的局限性,从生理学角度较科学地给出了同舒适度相关联的压力波动阈值。

此类准则中的舒适度指标可分为两类:

单一型:以某一指定时间内的压力增量作为指标,见表3—1;

复合型:对不同时长内的压力变化做了规定,要求同时满足各不同时长内的压力增量阈值。

表3—1 国外铁路采用的气压舒适度准则(单一型)

国家或组织	铁路类型	线路类型	阈值				车速(km/h)	是否密封
			ΔP(kPa)	$\mathrm{d}P/\mathrm{d}t$(kPa/s)	$\Delta P/\Delta t$(kPa/ns) kPa	ns		
英国	普通铁路	交会			3.0	3	160	否
	城际铁路				4.0	4	200	
	英法海峡隧道①	单线	0.45 上限0.7				120	否
	海峡隧道联络线	单线			2.0	4	225~300	否
		双线			3.5	4		
美国	地铁			0.41	0.7	1.7	80~100	否
日本②	新干线	单车	1.0	0.20,可放宽到0.30			210/240/270	是
德国③		单车	1.0	0.20,可放宽到0.30~0.40			初期300 远期350	是
意大利	FS		1.5	0.5			高速	是
韩国	HSR	单车			0.8	3	高速	
		交会			1.25	3		
瑞士	Rail 2000				1.5	4		

续上表

国家或组织	铁路类型	线路类型	阈值				车速(km/h)	是否密封
			ΔP(kPa)	dP/dt(kPa/s)	$\Delta P/\Delta t$(kPa/ns)			
					kPa	ns		
法国[④]	HSL	交会			5.0	3	高速	
西班牙					2.5	4	高速	
ERRI C218/RP1		单线			3.0	4		否
		双线			4.5	4		

注:①由于横通道较多,车辆前后压力差较易趋于平衡,故其舒适度指标较为严格;
②日本新干线标准压力梯度峰值为 0.2 kPa/s,考虑到列车的老化以及维持该标准所需的费用,将压力梯度峰值可以放宽到 0.3 kPa/s,对于传统的非密封列车并没有相应的压力标准;
③参照日本新干线标准得出;
④目前法国正在研究单车 0.5 kPa/s 这一舒适度指标。

英国学者 R. G. Gawthorpe 对各国的标准进行了综合分析,指出影响制定不同压力标准的因素主要有三个:

(1)不同类型的服务设施(即长距离的城间列车和短距离的通勤车);

(2)不同的线路中压力冲击次数(每小时通过的隧道少于 4 座或多于 4 座);

(3)不同的列车舒适标准(指普通型列车或高级列车)。

据此将标准划分为四类:

A 类:用于城间和区域性服务的普通列车,最大隧道数达到每小时 4 座(隧道长度少于线路总长度的 10%),车厢为非封闭型;

B 类:城间列车,线路有大量隧道(隧道长度达到线路总长度的 30%),车厢为非封闭型;

C 类:高舒适度的封闭型城间列车(隧道长度达到线路总长度的 30%);

D 类:快速运行的地铁等地下设施,有大量的停车站和中间隧道段,通常车厢为非封闭型。

R. G. Gawthorpe 又根据情况的不同又将标准分为非常恶劣情况的标准(非常少的情况,如双线列车在隧道内会车时)和普通标准。由此确定的英国铁路的气压舒适度标准为:

A 类:恶劣条件压力峰值为 4.0 kPa/4 s,一般条件压力峰值为 2.5 kPa/4 s;

B 类:恶劣条件压力峰值为 3.0 kPa/4 s,一般条件压力峰值为 2.0 kPa/4 s;

C 类:恶劣条件压力峰值为 1.25 kPa/4 s,一般条件压力峰值为 0.8 kPa/4 s;

D 类:恶劣条件压力峰值为 1.0 kPa/4 s,一般条件压力峰值为 0.7 kPa/4 s。

国外在实行单一型舒适度指标一段时间后,发现其并不能完全满足乘客舒适度的需要,部分国家开始研究能够同时满足各不同时间内的压力增量的阈值,于是复合型舒适度准则应运而生,见表 3—2。

表 3—2　国外铁路采用的气压舒适度准则(复合型)

国家或组织	铁路类型	线路类型	阈值 $\Delta P/\Delta t$(kPa/ns)		车速(km/h)	是否密封	备注
			kPa	ns			
德国 ICE	DB	单车	0.5	1	240~280	是	
			0.8	3			
			1.0	10			

续上表

国家或组织	铁路类型	线路类型	阈值 $\Delta P/\Delta t$ (kPa/ns)		车速(km/h)	是否密封	备注
			kPa	ns			
UIC 660		单车	0.5	1	高速	是	
			0.8	3			
			1.0	10			
			2.0	60			
UIC 779-11		交会	1.0	1	高速	是	
			1.6	4			
			2.0	10			
ERRI C218/RP1		交会	1.0	1	高速	是	
			1.6	4			
			2.0	10			
			3.0	60			
芬兰		单车	0.50	1	高速		
			0.85	4			
			1.40	10			
			2.00	20			
			2.40	30			
			2.80	40			
			3.20	50			
		交会	0.85	1			
			1.35	4			
			2.10	10			
			3.00	20			
			3.60	30			
			4.20	40			
			4.80	50			

2. 国内舒适度准则

我国早在1995年就提出了高速铁路隧道舒适度指标的建议值。2005年出版的《铁路隧道设计规范》提出“在近期可采用 $\Delta P \leqslant 3$ kPa/3 s作为旅客乘车舒适度标准”的规定，但也明确表示这一指标有进一步修改的趋势。2007年由铁道部建设司发布的《铁路隧道设计施工有关标准补充规定》中对我国高速铁路隧道压力控制标准作出了更加具体的规定，隧道设计必须考虑列车进入隧道或隧道群诱发的空气动力学效应对行车、旅客舒适度、车辆结构强度和环境等方面的影响。当线路中隧道所占比例小于10%，且每小时通过隧道小于4座时，单线隧道允许的最大瞬变压力宜为2 kPa/3 s，双线隧道宜为3 kPa/3 s；当线路中隧道所占比例大于25%或每小时通过隧道大于4座时，单线隧道允许的最大瞬变压力宜为0.8 kPa/3 s，双线隧道宜为 1.25 kPa/3 s。

我国在《隧道空气动力学要求和试验方法》(TB/T 3503.3—2018)中对舒适度标准进行了修订,规定车内舒适度标准应满足车内空气压力变化小于或等于 500 Pa 且 3 s 内车内空气压力变化小于或等于 800 Pa。

3.2.3　乘客乘坐舒适性影响因素

1. 列车密封性

列车密封性采用密封指数来描述,密封指数是指将车内外的压差降低到初始值的 38% 所需要的时间。

《200 km 及以上速度级列车密封设计及试验鉴定暂行规定》将车内压力从 3 600 Pa 降低到 1 350 Pa 所需的泄漏时间定义为密封指数,分为静态密封指数和动态密封指数。静态密封指数通过全比例实车泄漏试验测定,动态密封指数通过 $\tau_{\text{dyn}} = \left(\frac{1}{3} \sim \frac{1}{2}\right)\tau_{\text{stat}}$ 进行估算。

车辆的密封对车内压力波动的影响可以归结为“缓解”和“滞后”两种效应,列车密封性可按表 3—3 进行分级。车辆密封效果如图 3—4 所示,不同密封程度车辆对气压波动的缓冲效果如图 3—5 所示。

表 3—3　车辆的密封程度

车辆类型	密封指数 τ
不密封车辆(例如用于支线)	τ <1 s
最低密封性(例如 Eurocity)	1 s< τ <6 s
密封较好(例如 ICEl,TGV)	6 s< τ <10 s
密封很好(例如 ICE3,Transrapid)	τ >10 s

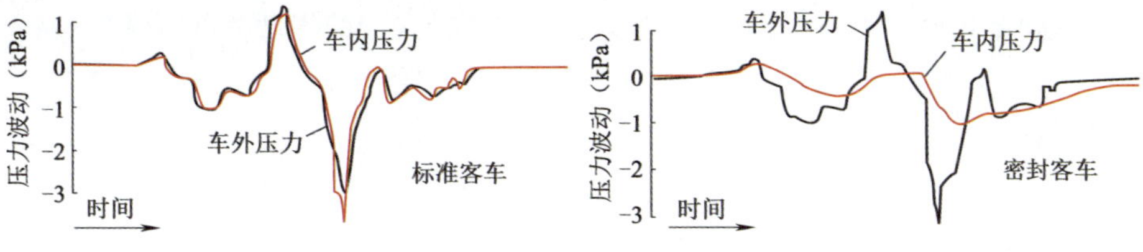

图 3—4　车辆密封效果(实测)

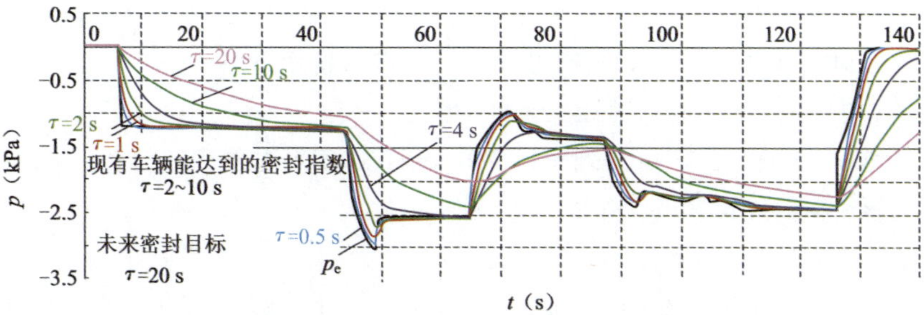

图 3—5　不同密封程度车辆对气压波动的缓冲效果

2. 车体气密强度

列车高速通过隧道及在隧道内交会时，会在隧道内产生压力波动，该压力一方面作用于隧道壁面，另一方面会作用于车体表面，该压力会引起车体变形进而引起车体内部压力变化。

(1)日本标准

JIS E7105—1989《铁道车辆车体结构的静荷载试验方法》第 4 页有关考虑气动荷载的相关规定：

气密强度试验中的试验压力，按以下公式计算：

$$P = \left[380 \times \left(\frac{v}{200}\right)^2 + 20\right] \times 9.806\ 65 \tag{3—6}$$

式中 P——试验压力(Pa)；

v——最高运行速度(km/h)。

据此推算不同速度等级交会工况下的试验压力：

200 km/h:3 922.7 Pa；

250 km/h:6 018.8 Pa；

300 km/h:8 580.8 Pa；

350 km/h:11 608.6 Pa。

在此，气动荷载亦作为车体疲劳荷载考虑，即时速 200 km 等级高速列车在隧道内承受的气动荷载，按 ±4 000 Pa 的交变荷载考核，且为无限循环寿命。

该公式基于东海道新干线的时速 200 km 条件下的研究结果，没有计入隧道面积、车体断面积的变化和速度提升后的复杂气动效应等因素的影响，与其他线路与速度等级的实际交会压力差别较大，因此在 2000 年以后的版本中被删除了，气动荷载改为根据线路运行实际情况，由供货方与经营者协商确定。

(2)UIC 标准

UIC 660:2002《保证高速列车技术兼容性的措施》第 9 页有关气动荷载的相关规定：

列车在进出隧道和在隧道内运行时，车体结构将承受较大的气动荷载，其值主要取决于下列因素：

——隧道横断面；

——隧道长度；

——车辆横断面；

——通过列车的长度和形状；

——列车穿过隧道的速度。

车体结构必须能承受住以下空气动力学负载：(保留备用条款)

以 DB AG(德国国铁)铁道车辆标准条件为例：

——适用列车工作状态：假定该列车以 330 km/h 速度穿过隧道；

——典型隧道横断面面积：82 m^2；

——动车横断面面积：10 m^2。

由表 3—4 可见，由于列车交会产生的气动荷载作为车体疲劳荷载考虑。时速 330 km 隧道内等速交会工况，车体需承受的最高正压为 +5 150 Pa，最低负压为 −8 100 Pa，最大荷载时为有限循环寿命。

表 3—4 DB AG 气动荷载列表

列车速度(km/h)	最大正压(Pa)	最大负压(Pa)	每年频次	备 注
330	1 000 ~ 1 800	−3 000 ~ −4 000	112 200	单车过隧道
330	1 950 ~ 2 600	−3 000 ~ −4 000	5 595	隧道内交会
	2 600 ~ 3 250	−4 000 ~ −5 000	8 051	
	3 250 ~ 3 900	−6 000 ~ −7 000	16 103	
	3 900 ~ 4 550	−5 000 ~ −6 000	6 199	
	4 550 ~ 5 150	−7 000 ~ −8 000	1 852	

(3)中国标准

我国《200 km/h 及以上速度级铁道车辆强度设计及试验鉴定暂行规定》要求高速列车车体气动荷载疲劳试验最高试验压力按车体内外压差 4 kPa 考虑。

我国《时速 350 公里中国标准动车组暂行技术条件》规定,车体、车门门板、门把手、车门锁及机构按能承受 ±6 000 Pa 气动荷载设计,而车下设备舱的强度及刚度满足实际运用需要,按能承受 ±2500 Pa 气动荷载设计。

3. 其他因素

列车通过隧道时车内压力波动主要由车外压力波动引起,因此,乘客乘坐舒适性也受车速、隧道长度、交会等因素的影响。

3.2.4 车内压力波动计算

由于列车通常都不是完全密封的,隧道内的压力波动会传入车厢内;又由于车厢有一定的密封性能,会缓解和滞后车内压力变化,使车厢内压力波动幅值小于车外。

假定车外压力 P_a 为常数,车内压力 P_i 随时间的变化可以表示为

$$P_i = P_a(1 - e^{t/\tau}) \tag{3—7}$$

考虑车外压力 P_a 为时间的函数,则

$$P_i = \int_0^t \frac{1}{\tau} P_a e^{-t/\tau} dt \tag{3—8}$$

内外压差 $P_a - P_i = P_a - \int_0^t \frac{1}{\tau} P_a e^{-t/\tau} dt$。

隧道内过大的压力波动和较低的密封性,可使车内压力波动较大,使车厢内旅客感到不舒适。为了解气压变化对人体舒适性的影响,英国、日本、德国等高速列车发达国家对此展开了大量的研究。最典型的方法是进行气密性试验,气密室是一个可容纳数人、室内压力可控的密闭室,不同年龄、性别的志愿者在气密室内进行气压变化人体感受试验。

3.3 洞口微气压波

3.3.1 产生机理

压缩波传播到隧道口时,小部分能量以脉冲波的形式辐射到隧道外,造成声污染和建筑结

构振动，该现象被业界称为“微压波问题”。微压波以次声波的形式传播很远，某些工况下，微压波强度与飞行器高速运行时产生的“音爆”强度相当，产生巨大环境影响。根据声学原理，微压波强度正比于压缩波压力时间梯度。工程界为了降低微压波，常在隧道入口修建各种型式的缓冲结构，如断面扩大型不开孔和开孔缓冲结构、喇叭型缓冲结构等。缓冲结构也可以看作洞身延出段，其截面积大于隧道截面积，可以延长压缩波前锋形成时间，降低压力时间梯度。

微压波的形成过程分为三个阶段：列车进入隧道，形成压缩波；压缩波向隧道远端传播；压缩波传播到隧道出口，小部分能量辐射到隧道外，形成微压波。按研究对象不同，微压波研究大体上分为：压缩波的生成，例如探索列车速度、列车头部形状、隧道入口缓冲结构形状等对初始压缩波压力时间梯度的影响；压缩波的传播，例如探讨隧道内竖井和横通道、隧道内物理耗散、非线性效应等对压缩波压力时间梯度的影响；压缩波的生成，探讨隧道出口形状对压缩波的影响。

从微气压波产生过程来看，微气压波的形成机理包括三个方面，即列车高速驶入隧道产生的初始压缩波，该初始压缩波沿隧道传播过程中的变形，最后传播到隧道出口处的压缩波和微气压波的关系。典型的微气压波波形如图 3—6 所示。

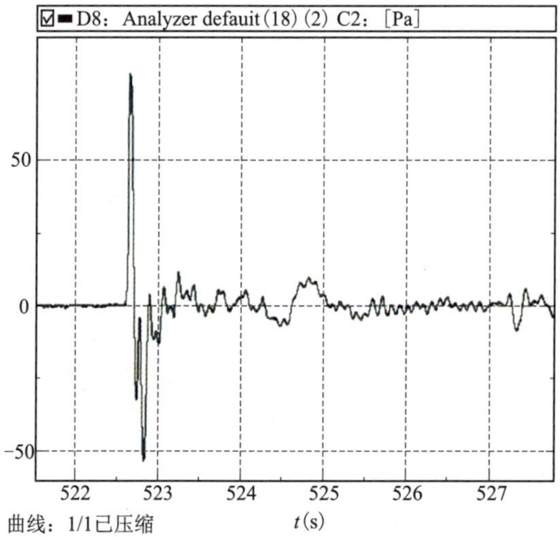

图 3—6 典型的微气压波波形

3.3.2 洞口微气压波标准

根据我国《高速铁路设计规范》(TB 10621—2014)，隧道两端洞口微气压波峰值应符合表 3—5的要求。

表 3—5 隧道洞口微气压波峰值评判指标

条件		微气压波峰值 P_{max}
洞口有建筑物	无特殊环境要求	建筑物处 $P_{max} \leqslant 20$ Pa
	有特殊环境要求	按设计要求
洞口无建筑物(或住宅距洞口大于 50 m)	有特殊环境要求	距洞口 20 m 处 $P_{max} < 50$ Pa

3.3.3　影响因素

微气压波的影响因素主要有列车进入隧道的速度、列车头部形状、列车头部的长细比、隧道的阻塞比、隧道长度、隧道内部条件（如轨道结构、有无竖井、斜井和横通道等）和隧道出口的地形等。其中，列车进入隧道的速度、隧道的阻塞比是最为重要的两个影响因素。

3.3.4　微气压波理论计算

日本学者 Satoru OZAWA 对微气压波进行了理论分析，结合经验得出了压缩波、微气压波的计算公式，列车进隧道时产生的压缩波波形为

$$P = \frac{1}{2}\rho_0 u^2 \frac{1-(1-R)^2}{(1-Ma)[Ma+(1-R)^2]}\left(\frac{1}{2}+\frac{1}{\pi}\arctan\frac{vt}{0.3d}\right) \tag{3—9}$$

列车进隧道时产生的压缩波最大波前梯度为

$$\left(\frac{\mathrm{d}P}{\mathrm{d}t}\right)_{\mathrm{EX,max}} = \frac{1}{2}\rho_0 v^3 \frac{1}{\tau d}\frac{1-(1-R)^2}{(1-Ma)[Ma+(1-R)^2]} \tag{3—10}$$

隧道出口处微气压波与到达隧道出口的压缩波的关系为

$$P_{\mathrm{EX,max}} \approx \frac{2a}{C_0}\left(\frac{\mathrm{d}P}{\mathrm{d}t}\right)_{\mathrm{EX,max}} \tag{3—11}$$

隧道出口外点微气压波压力与到达隧道出口的压缩波的关系为

$$P_{\mathrm{r,max}} \approx \frac{2S}{\Omega r C_0}\left(\frac{\mathrm{d}P}{\mathrm{d}t}\right)_{\mathrm{EX,max}} \tag{3—12}$$

以上各式中　ρ_0——空气标准密度；

C_0——标准音速；

v——列车进隧道速度；

R——阻塞比；

d——隧道水力直径；

Ma——马赫数；

Ω——反映出口地形条件的空间立体角；

r——到隧道出口的距离；

t——时间；

τ——反应压力上升时间的参数；

a——隧道半径；

S——隧道的有效面积。

由上可知，微气压波最大值与到达隧道出口的压缩波压力对时间微分的最大值成正比。因此，通过减小到达隧道出口的压缩波波前压力梯度可以降低隧道出口的微气压波最大值。

对于短隧道，由于压缩波传播距离短，所以隧道出口处的压缩波波形与初始压缩波相近。结合以上方法和 0 系新干线列车，日本学者山本提出了断面面积 63 m^2 的短隧道微气压波幅值与列车速度之间的关系为

$$P_{\max} \approx \frac{785}{r}\left(\frac{v}{210}\right)^3 \tag{3—13}$$

对于长度适中的有砟轨道隧道，上式偏于保守；对于板式道床的中长隧道，由于板式道床

对压缩波的激化作用,初始压缩波波形传播到隧道出口处时已变陡,因此上式已不适用于该类隧道。

3.3.5 缓减措施

由于微气压波的大小和压缩波到达隧道出口时的压力梯度成正比,所以现行各种减缓微气压的措施的基本思路是在压缩波形成或传播阶段减小其压力梯度。减缓的措施主要有列车方面的优化措施和隧道方面的改造措施,前者包括改善列车头部形状、增大列车头部的长细比和缩小列车断面积(即减小阻塞比)等。通常情况下,列车方面的改造受各种因素的制约,且随着列车速度的提高,由列车头部优化带来的作用是相当有限的,所以微气压波的减缓主要还是通过隧道方面的改造来实现,主要包括增大隧道横截面积,在隧道入口增设适当形式的缓冲结构,在隧道内铺设碎石道床,以及利用斜井、竖井和横通道等。

另外,还有一些方法通过洒水、喷水雾、注射高温蒸汽等手段,使隧道内一定区域自上而下的空气密度或者温度形成梯度,从而消减隧道上部的冲击波,使得下部的冲击波变大,同时通过在隧道底部采取消减措施来消除下部的冲击波,以达到消减隧道出口微气压波的效果。这些方法在试验中都取得了较好的效果,但是在实际操作中都具有其自身的缺点,需要进行进一步的深入系统研究。

由于微压波的大小和压缩波到达隧道出口时的压力梯度大致成正比,所以当前所采用的微压波减缓措施的基本指导原则主要是减小压缩波的压力梯度。

微压波的减缓措施包括隧道方面的改造措施和列车方面的优化措施。车辆方面的措施主要有改善列车头部的形状、增大列车头部的长细比和缩小列车断面积(即减小阻塞比)等三种措施。其中,对于列车头部形状的优化和头部长细比的增大是减缓微压波的一种基本措施。

通常情况下,由于通过列车方面的改造将会给运营商带来经济上的不利(如列车定员减少等),而在保证列车定员等条件的制约下,其带来的微压波减缓效果则还很有限,所以,微压波的减缓目的主要还是通过隧道方面的改造来实现。隧道方面的最基本的微压波减缓措施是在隧道入口增设适当形式的缓冲结构和增大隧道断面积。对于新建铁路隧道,需要对扩大隧道断面积和修建缓冲结构等措施进行经济上的比较来确定所需的减缓措施。对于铁路线上的既有隧道,由于隧道已经建成,则降低其出口微压波的减缓通常需要通过修建入口缓冲结构来达到。对于隧道比较集中的地方,如果两条隧道洞口之间距离比较近,则可以在两条隧道之间修建明洞或雪棚等结构,将它们连在一起,同时在增修的结构侧面作适当的开口,作为隧道内压缩波逃逸的出口铺设碎石道床的长隧道较之板式道床的长隧道出口产生的微压波的峰值要小得多,这主要是碎石为吸音材料,因而,对于长隧道,在隧道底部铺设碎石等多孔材料也可以起到很好的微压波消减作用。开设分支隧道也可以缓解微压波的危害,对于比较长的隧道,可以利用隧道修建时已有的竖井、斜井或横洞来达到减缓微压波的效果,但是,当列车通过分支隧道时,会引起车内的压力波动,从而可能导致列车上乘客产生不舒适感,所以要对改进方案进行综合分析。还可以采用一些主动的方法,如在隧道内设置水幕、在隧道内喷水滴和采用风机等来减小压缩波的压力梯度。

1.减小列车入洞速度和缩小阻塞比

列车速度和隧道阻塞比是微压波最重要的两个影响因素。微压波的峰值和压缩波到达隧道出口时的最大压力梯度大致成正比,而隧道入口形成的压缩波的最大压力梯度值大致与列车进入隧道的速度的三次方成正比,和隧道的阻塞比大致成反比。因而,减小列车突入隧道的速度和隧道的阻塞比将会比较明显地减小隧道出口的微压波效应。但是,列车提速的目的是缩短起终站之间的运行时间,减小列车入洞速度将影响到运行时间。

如果要减小隧道阻塞比,则要么扩大隧道断面积,要么缩小列车断面积。扩大隧道断面积将使得隧道的造价与隧道断面积成比例增长,而且,如果按照通常预计的远期运行速度(要远高于当前的运行速度)来设计的话,隧道断面积就会要求扩的比较大,这样初期造价就比较高,而所带来的部分空气动力学减缓效应在比较长的一段时间里都处于闲置状态。对于隧道较少的线路,采用这一方法将具有比较高的性价比,但是在隧道密集地区,这一方法将会使得隧道的初期造价过高,因而,并不符合中国现在经济发展的现状的要求。

2. 在隧道入口增设缓冲结构

在隧道入口处设置缓冲结构是缓解隧道出口微压波最基本的一种方法,其指导原则是减小隧道入口处产生的压缩波的压力梯度值。按照其周壁有无开口,缓冲结构可分为无开口缓冲结构和开口缓冲结构;按照其母线情况,缓冲结构可分为断面扩大型缓冲结构(母线和隧道轴线平行)和喇叭型缓冲结构。缓冲结构的主要参数是母线形状、位置,长度和横截面积大小,如果其顶部或侧面存在开口,则开口面积及位置的设计也是非常重要的。列车进入隧道时的速度范围对于缓冲结构各参数的设计的影响也很大。国外的现场测试和模型试验结果都表明,缓冲结构,尤其是开口型缓冲结构,大大削减了微压波的高频部分(尤其是频率高于 20 Hz 的人耳可听到的那一部分)的能量,从而消除了隧道出口的声爆问题。同时,使得隧道附近房屋轻型结构如窗户、百叶窗等产生突然移动的低频部分也得到了有效消减。因而,通过在隧道入口增设适当的缓冲结构,能够有效消除隧道出口的微压波现象。图 3—7 显示了当隧道入口缓冲结构(这里仅指开口型)的减缓效果达到最佳时,其长度和最大压力梯度减小率的关系。从图中可以看到,如果选取适当的长度,开口型缓冲结构可以将最大压力梯度减小到未设缓冲结构以前的 10% ~20% ,从而使得微压波问题得到有效解决。

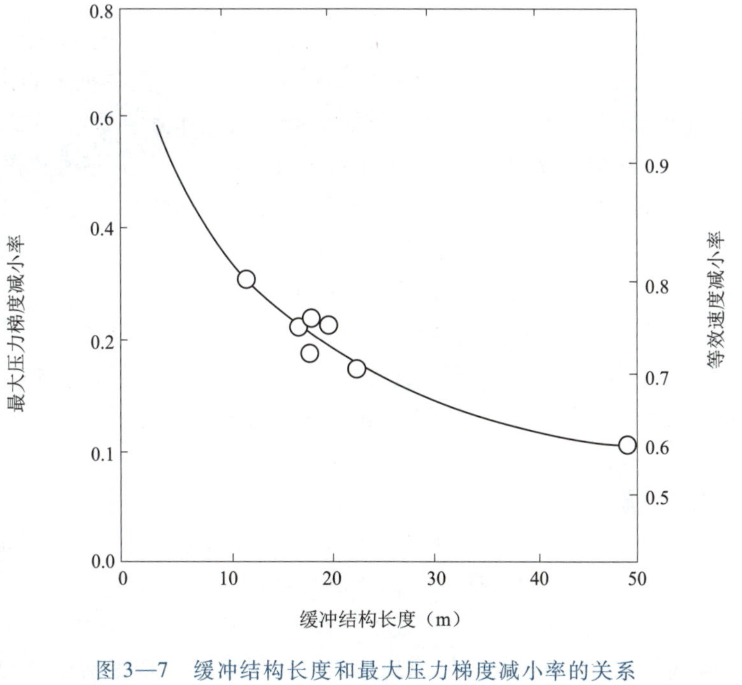

图 3—7 缓冲结构长度和最大压力梯度减小率的关系

对于无开口的缓冲结构,在长度小于隧道断面的等效直径时,微压波的峰值压力随缓冲区长度的增加而减小;当长度大于一倍隧道断面的等效直径长度时,则不会进一步减低,所以缓冲结构长度一般取为一倍隧道断面的等效直径(或略大于)。缓冲结构横截面积的大小的选取则要考虑两个区段产生的微压波的比较情况。因为随着缓冲结构断面的扩大,列车进入该区段所产生的微压波减小了,可是在由缓冲结构段进入隧道时就会产生较高的微压波。模型试验的研究结果表明,对于无开口式缓冲结构,取其横截面积为隧道断面积的 1.55 倍比较合适。

开口型缓冲结构的微压波减缓效果通常要好于无开口缓冲结构,开口部分设在缓冲结构的侧面,开口面积大小和位置对于减缓效果有重要影响。其长度可以等于或小于缓冲结构长度。模型试验结果表明,在缓冲结构侧面中部的适当开口要优于那些设在侧面进行狭长的槽式开口的消减效果。

若取缓冲结构的横截面积与隧道截面相同,通过在缓冲结构顶部沿全长开槽来起到缓冲作用,则其主要设计参数有两个:缓冲结构长度和开口率。通常情况下,缓冲结构长度越长,起到的减缓作用越明显。当缓冲结构长度取为隧道直径的 6 倍时,微压波的峰值可下降到未设缓冲结构时的 25%。

喇叭型缓冲结构是一种变截面的缓冲结构,其纵向可采用直线型母线和曲线型母线。根据实验结果,两种形式略有区别,但总的来看,均可将微压波峰值降低至 20% ~30%。

为了建造方便和其他相关原因,通常采用断面积不变,侧面开口的开口型缓冲结构作为缓冲结构的标准型。这样,当列车速度和缓冲结构一定时,就可以通过调整缓冲结构侧面或顶部的开口面积大小来达到最佳的微压波减缓效果。针对特定隧道,选择一种高效、经济的缓冲结构形式是非常必要的,而模型试验正是达到这一目的的非常有效而经济的一种研究手段,日本就主要是通过模型试验来决定各种具体情况下缓冲结构的各参数的优化设计的。

但是,从国际上当前的研究现状来看,目前对于缓冲结构的研究还很不够。即使使用缓冲结构最多的日本,也主要是通过模型试验和现场测试所得到的经验数据来确定缓冲结构的设计参数,这样所需要的成本是很高的,尤其是现场量测。当列车速度进一步提高时,缓冲结构的各项参数就必须进行相应的调整,日本的东北新干线上的第一利府隧道和福岛隧道,便因为列车速度从 200 km/h 增加到 240 km/h 而分别在原有缓冲结构的基础上分别接长了 7 m。在进行这种改变时,又需要进行相应的模型试验和现场测试,缓冲结构的各种参数,如长度、横断面积、开口面积和开口位置等,都需要重新考虑。这主要是由于当前对于列车速度、阻塞比、缓冲结构长度、缓冲结构断面积大小、开口面积和开口位置等参数之间的相互影响关系还不明确。因而,还需要对缓冲结构,尤其是开口型缓冲结构作更深入的研究,增强由于列车速度增加所产生问题的可预见性,从而能够对问题进行综合考虑,制定更好、更快、更经济的改造计划。

3. 在隧道内增设设施

在长隧道中铺设碎石道床是一个很有效的微压波减缓措施。当铺有板式道床的隧道比较长时,列车突入隧道时形成的压缩波将会由于摩擦和热效应等形成的非线性效应而变得越来越陡,最终转变为弱冲击波。图 3—8 对列车运行速度为 180 km/h 和 200 km/h 两种速度下,轨道结构分别为板式道床和碎石道床时,隧道出口微压波峰值(在距离隧道出口 20 m 处的实测值)与隧道的长度的关系进行了描述。从图中可以看到,当列车以 200 km/h 突入轨道结构为板式道床的隧道时，对于相对较短的隧道（小于 1.5 km），微压波的峰值对于隧道长度并不敏感。而当隧道超出 1.5 km 时，随着隧道长度的增加，微压波的峰值开始逐渐增大，而且，隧道长度对于微压波峰值的影响会越来越大，从而可能远大于短隧道中的微压波峰值，这主要是由于压缩波的非线性特性造成的。当隧道长度达到 9 km 左右时，微压波的峰值达到最大。其后，随着隧道长度的增加，微压波的峰值又逐渐变小。从隧道长度的影响来说，当采用板式道床时，长度在 1.5 km 以下和 13 km 以上的隧道出口受到微压波的影响将更小些，相反，一些很长（如 18 km 左右）的隧道出口的微压波相对要小得多；当采用碎石道床时，当长度在 1 km 以下时，隧道长度对微压波的影响不明显，当隧道长度超出这一值时，由于碎石道床的吸音效果，其出口微压波的峰值将会随着隧道长度的增长而单调减小，从而可能比短隧道中的微压波峰值还要小得多。因而，当隧道比较长（5 ~ 13 km）时，采用碎石道床将能很有效地降低隧道出口的微压波效果。

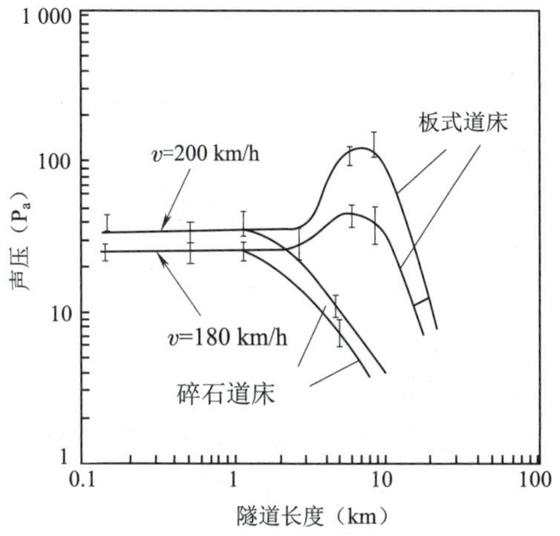

图 3—8　隧道长度和微气压波峰值的关系

采用隧道中的竖井、斜井、设备坑和横洞等来减缓微压波是一个比较经济而有效的办法，因为这些设施在长隧道修建和运营时通常都必须修建的，所以对于缓解微压波来说，额外的花费要少得多。隧道中这些分支隧道的减缓效果与其长度、断面积、距离隧道入口的距离和压缩波的压力梯度密切相关。通常情况下，随着分支隧道的长度的增加，其减缓效果逐渐增加，最后趋向稳定。如果想让它达到比较理想的效果（对于断面积比较大的分支隧道，通常可将压力梯度减小到 89% 左右，而六条分支隧道所取得的消减效果可抵得上在隧道入口处增加适当缓冲结构所取得的效果），则其长度至少需要达到 50 ~ 70 m（列车速度在 200 km/h 时）。分支隧道所需要的理想长度和隧道中压缩波的压力梯度以及距离隧道入口的距离相关。通常，压缩波的压力梯度越大（也就是列车速度越大），其长度要求越短；距离隧道入口的距离越短，其长度要求越长。当分支隧道距离隧道入口越近，则取得的减缓效果越明显；分支隧道的断面积越大，所取得的效果越好。另外，利用分支隧道来消减压缩波时，最好是在压缩波由于非线性效应而变陡之前，因为当压缩波已经充分变陡之后，分支隧道将会难以取得比较明显的减缓效果，因而，对于双线隧道，不宜将分支隧道集中设于隧道一个洞口附近，而应该在两个洞口附近都设置分支隧道。

通过利用分支隧道，隧道出口的微压波虽然得到了有效缓解，但是当列车头部和尾部通过分支隧道时，将会有其他种类的压缩波产生，相应的在隧道出口产生放射波，其值虽然小于微压波，但是，随着列车速度的提高，还是可能导致环境问题。因而，在利用分支隧道的同时，也应该考虑到对其在隧道出口引起的放射波进行有效消减的措施，如延长列车头部和尾部的长度、优化列车头尾部的空气动力学特性、减小分支隧道的断面积和调整分支隧道之间的相互距离等。

从各国研究的结果看，这些研究主要集中在列车断面与隧道断面的堵塞比的选择上，也就是在列车尺寸、形状已定的条件下，如何根据列车运行速度，确定合理的隧道断面积和形状。

日本、欧洲在建设高速铁路采用了两种完全不同方法：一是以日本为代表的采用小断面隧道，而增设缓冲结构的方式；二是以德国为代表的采用增大隧道断面，而不设缓冲结构的方式。若采用日本建设高速铁路的方法，需要提高旅客列车的密封性，加大制造和维修列车车辆的投入，增设缓冲结构，这样将使得列车运行成本增加，但隧道建设的初期投入要少得多。若沿用德国建设高速铁路的方法，就需要将高速铁路线上隧道全部加大隧道断面，加大高速铁路线的初期投入。

但从目前的发展趋势来看，隧道内净空断面积有加大的趋势，并且更多地采用一单孔双线隧道布置形式，以减缓隧道空气动力学效应。日本早期建成的高速线，隧道内净空断面积较小，如：东海道新干线、山阳新干线和上越新干线，在这些高速线上采用双线隧道布置，隧道的内净空断面积只有 64 m^2其隧道断面堵塞比分别为 0.20 和 0.21，列车运行速度分别为210 km/h、230 km/h 和 240 km/h。在这些高速铁路线运行初期，日本就发现列车在突入隧道时会产生强烈的空气动力学现象。为了解决这些问题，日本采用各种缓冲结构形式，通过大量现场实测、模型试验和数值模拟计算，对不同隧道缓冲结构缓解隧道空气动力学效应的影响规律进行了大量研究，得到了相关的隧道空气动力学方面的经验公式，提出了仅适合日本小断面隧道条件下的缓解隧道空气动力学效应的经验计算公式和技术措施，取得了较为理想的效果。

同时，他们通过提高列车车辆密封性，解决了隧道空气动力效应对乘客舒适度的影响。日本采用大量现场实测的研究方法，同时提高车辆密封性，基本上解决了隧道空气动力学问题。但是，由于在这些高速铁路线上运营的旅客列车的密封性要求大幅度提高。这样，不仅加大了制造高密封性列车的资金投入，也提高了运营中的列车维修保养费，同时还会带来运营中的一些麻烦。因此，在日本仍然有人提出适当加大隧道内净空断面积议论，以减少在建造隧道缓冲结构和制造高密封性列车上的资金投入。

德国、法国等欧洲国家在充分吸取日本建设高速铁路的经验教训后，在新建高速线上，提出了建设大断面隧道的高速铁路建设思路，他们将隧道内净空断面积提高到：单线 80 m^2、双线 100 m^2以上，同时取消隧道缓冲结构，并降低车辆的密封性标准。这样，也取得了非常好的效果。显然，若高速铁路线地处山区，隧道占全线长度比重较大时，采取这样的高速铁路建设思路，高速铁路建设的初期投入将会十分可观。另外，欧洲发达国家在既有线路改造中，应用日本高速铁路线建设的经验和技术，采取隧道缓冲结构和摆式列车相结合的技术，一方面通过隧道缓冲结构的增设减缓隧道空气动力学效应，另一方面通过应用摆式列车技术，在曲率半径较小的既有线路上，提高列车的运行速度。例如，意大利在罗马—米兰线上，双线隧道内净空断面积为 54 m^2，在隧道上增设缓冲结构，并将 ETR450 摆式列车投入到商品运营中，使列车的最高运行速度达到 250 km/h。

3.4 列车风

3.4.1 产生机理

列车沿地面高速运行时,将带动列车周围的空气随之运动,形成一种特定的非定常流场,称为"列车绕流",俗称"列车风"。列车在隧道内运行时,其引起的列车风比在明线运行时大得多。这种列车风形成的列车气动力将威胁隧道内作业人员的安全,对隧道内各种附属建筑和设施也会有破坏作用;列车风卷起的杂物也可能危及行车安全。

3.4.2 列车风相关标准

隧道内列车风是一种结构非常复杂的三维非定常湍流,研究隧道内列车风标准或者人员的安全距离,首先需要对隧道内列车风的变化规律、分布特性进行研究;其次,要分析列车风与人员承受的气动荷载的相互关系,并通过试验等方法确定人员能够承受的最大气动荷载;最后根据以上研究结果提出相关的控制标准,如安全距离标准、风速标准、气动荷载标准。国外在制定列车风标准时,主要采用现场实测的方法对此进行研究。

1975 年,苏联曾采用现场实测的方法对隧道内列车风标准进行研究他们通过放置压力传感器测试列车通过站台时的列车风风压,据此确定站台人员允许承受的气动荷载为 20 ~ 25 kgf/m^2。按照这一标准,当列车速度为 200 km/h 时,站台上人员的安全避让距离为 2.0 m。

日本在曾经进行过一些相关的风洞实验和理论计算,但仍然以现场实测方法为主。他们首先采用一维超声风速仪,对列车时速 170 km 时站台上列车风风速进行实测,据此得出风速与侧向距离的关系曲线,最后通过理论计算推算出列车时速 250 km 时的关系曲线。根据规定,站台人员允许承受的列车风风速为 9 m/s,并在轨侧设置防护栏。

和日本一样,英国也用风速作为控制标准。根据规定,站台人员允许承受的最大风速为 11 m/s,而轨侧铁路员工允许承受的最大风速值为 16.9 m/s。

法国、德国主要采用数值模拟计算方法,将人体简化为轨侧圆柱体,对轨侧人员承受的气动力进行数值分析;德国同时采用过室内水槽试验以及现场实测方法。最后,以 100 N 气动力作为控制标准。

国内对于列车风的影响下人员安全距离也有研究。1994 年,徐鹤寿、何德昭等人在环行线、广深线、沪宁线上进行了现场测试。他们在轨侧放置装有压力传感器的人体模特,对不同钝体客车以 80 ~170 km/h 速度通过时人体承受的气动荷载进行了实测,总结出人体的气动荷载的变化规律和影响因素,并采用类比法准高速列车的轨侧人员和站台人员的安全距离。

崔丽红、刘鑫等人对高速铁路安全系统进行了研究,提出了高速铁路运行下的人员退避距离标准、安全监测问题及保障体系。

王韦、王建宇等人在已知隧道断面平均风速时间过程极值的基础上,利用列车侧面风速剖面的简化模型,建立了隧道中人员安全退避距离与隧道断面底宽、风速标准等因素之间的关系,并提出了京沪高铁设计时隧道断面底宽和风速标准的建议值及与之对应的人员安全退避距离,建议对于站台乘客的最高避让风速不能大于 14 m/s,对于隧道内的乘客和铁路工作人员的最高避让风速不能大于 17 m/s。

各国对隧道内作业人员的最高列车风要求见表 3—6。

表 3—6 各国关于铁路列车风标准对比

序号	国家	参考依据	指标		备注
			单位	量值	
1	苏联	气动荷载	kgf/m^2	20 ~ 25	站台
2	美国	风压	蒲式风级	7	
			psi	0.2	
3	日本	风速	m/s	11	轨道侧
			m/s	9	站台
4	德国	气动荷载	N	100	
5	法国	气动荷载	N	100	
6	英国	风速	m/s	16.9	轨道侧
			m/s	11	站台

3.4.3 影响因素

理论和实测都表明，隧道内列车风风速与列车运行速度成线性关系；同等速度下，列车编组越长，列车风风速越大；流线化程度较好的列车产生的列车风风速明显小于钝形普通旅客列车；列车在隧道内交会时，列车风风速较单列列车通过时增加。

3.4.4 列车风理论计算

列车风对人体作用力与列车运行速度平方成正比，与退避距离（人体与列车侧壁距离）的 b_f [$b_f \in (1,2)$]次方成反比，有如下关系式：

$$F = a_f \rho A v^2 \Delta Y^{-b_f} \tag{3—14}$$

3.5 列车空气阻力

3.5.1 产生机理

当物体和周围的气体、液体等流体之间发生相对运动时，物体便受流体施加的逆物体运动方向的流体动力的分力，即为“气流阻力”或“气动阻力”。由于空气的黏性，物体表面会产生与物面相切的摩擦力，成为摩擦阻力；与物面相垂直的气流压力合成的作用力包括两个分量，在与物体运动相反方向上的分量称为压差阻力，在与物体运动垂直方向上的分量称为升力。

列车在隧道内运行时，因隧道内的压力变化和列车风效应，列车的空气阻力与在明线上运行时有很大的不同。当列车进入隧道时，空气阻力急剧上升，其后稍有下降，但仍在高位保持波动，约为稳态运行时的 2 ~4 倍；当列车接近隧道出口时，空气阻力迅速下降；列车出隧道后，空气阻力恢复到在明线运行时的状态。

列车在隧道中运行时，行车阻力也是由机械阻力和空气阻力两部分组成的，但空气阻力比在明线上运行时大得多，因此，在隧道中空气阻力问题更为突出，甚至可达总阻力的 90% 。因此，正确地计算空气阻力，在高速铁路长隧道的线路坡度和断面设计时显得尤为重要，否则可能影响运营时的行车速度和通过能力。本节主要介绍列车在隧道内运行时空气阻力的影响因素和几种理论计算方法。

3.5.2　相关标准

欧标 EN 14067 是欧洲委员会(EC)和欧洲自由贸易协会(EFTA)授权欧洲标准委员会(CEN)、欧洲电工标准化委员会(CENELEC)和欧洲电信标准化协会(ETSI)三家权威机构研究制定的旨在提供符合指令 2008/57/EC 基本要求的技术方法的标准文件。

欧标 EN 14067-3 给出了列车通过隧道时的空气阻力公式,引入了隧道因子 T_f,分析了隧道因子的影响因素。列车通过隧道全过程中 T_f 的平均值与阻塞比 β、车长 L_{TR}、隧道长度 L_{TU}、车速 v 以及列车类型的定性关系曲线,如图 3—9 所示。

欧标 EN 14067-5 推荐了两种计算列车隧道空气阻力系数和隧道因子的解析模型。其模型的基本假设是准稳定不可压缩流动模型,根据连续性方程、动量方程和伯努利方程,得出隧道内列车空气阻力快速计算方法。

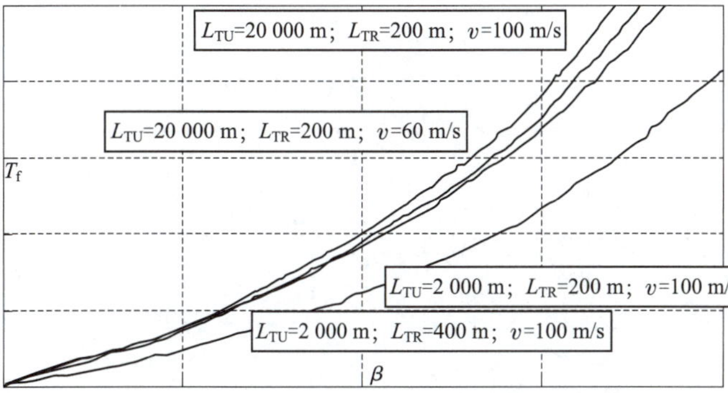

图 3—9　高速列车平均隧道因子随阻塞比变化示意

1. 方法一:仅适用于阻塞比 β >0.05 的情形

$$C_{d\_TU} = \frac{2}{Ma^2\beta}\Big[\frac{\Delta p_1}{\kappa p_0} + (1+\zeta_E)\frac{(Ma-q)^2}{2} + (Ma-X_t)^2\left(1+\frac{\Delta p_1}{p_0}\right)^{\frac{1}{\kappa}}\left(1-\frac{q}{Ma-X_t}\right) + \beta C_{f\_TU}S_{TU}L_{TR}\frac{(Ma-w)\sqrt{(Ma-w)^2}}{2A_{TR}}\Big] \tag{3—15}$$

$$F_{d\_TU} = C_{d\_TU}\rho A_{TR}\frac{v^2}{2} \tag{3—16}$$

$$T_f = \frac{C_{d\_TU}}{C_{d\_OP}} \tag{3—17}$$

式(3—16)算得的隧道空气阻力 F_{d_TU} 为列车尾部恰好驶入隧道入口端时的空气阻力。

2. 方法二

该方法假设列车从静止加速到隧道中部时已达到列车运行速度,其周围空气的流动可假定为不可压缩的流动,隧道内阻力系数 C_{d_TU} 可通过求解如下关于虚拟变量 X_d 的方程求得。

$$\frac{4X_d}{Ma} - \frac{1}{(1-\beta)^2}\left[C_1\beta(1-X_d)^2 - C_2(X_d-\beta)\sqrt{(X_d-\beta)^2}\right] = 0 \tag{3—18}$$

式中,C_1、C_2 为与列车和隧道参数相关的计算参数,由下式求得:

$$C_1 = \beta(\zeta_{h1}+\zeta_{t1}) + C_d + \frac{C_{f\_TR}S_{TR}(L_{TR}-L_N-L_T)\beta}{A_{TR}(1-\beta)} \tag{3—19}$$

$$C_2 = \frac{C_{f\_TU} S_{TU} L_{TR}}{A_{TR}(1-\beta)} \tag{3—20}$$

由 X_d 、C_1 、C_2 可求得隧道内阻力系数 C_{d_TU} ：

$$C_{d\_TU} = \frac{1}{(1-\beta)^2}\left[C_1(1-X_d)^2 - C_2(X_d-\beta)\sqrt{(X_d-\beta)^2}\right] \tag{3—21}$$

再由式(3—17)求得平均隧道因子 T_f 。

我国不同速度等级铁路隧道标准中关于列车空气阻力的规定说明条款见表 3—7。由表中分析说明可知,这些标准条款对列车隧道空气阻力的说明基本相同,即“单列车过隧道和隧道内交会的最大空气阻力增加量不大于明线的 30% ”。

表 3—7 我国铁路行业标准规范中关于列车隧道空气阻力的说明

标准/规范编号	标准名称	设计速度	隧道空气阻力相关说明
TB 10003—2016	铁路隧道设计规范	(1)新建客货共线铁路、重载铁路:≤120 km/h、160 km/h、200 km/h (2)城际铁路:120 km/h、160 km/h、200 km/h (3)高速铁路:250 km/h、300 km/h、350 km/h	无相关说明
TB 10003—2005 (已废止)	铁路隧道设计规范	客货共线 客车:160 km/h 货车:120 km/h	洞内空气阻力增量不超过明线空气阻力 30% ①
TB 10003—2001 (已废止)	铁路隧道设计规范	客车 最高 140 km/h	无相关说明
TB 10621—2014	高速铁路设计规范	250 km/h、300 km/h、350 km/h	(1)最大行车阻力比明线增大 15% ~30% ; (2)会车时空气阻力比明线的增大值也不超过 30% ②
铁建设〔2007〕47 号 (已废止)	新建时速 300 ~ 350 公里客运专线铁路设计暂行规定(上、下)	300 ~ 350 km/h	
铁建设〔2003〕13 号 (已废止)	京沪高速铁路设计暂行规定(上册)	最高 350 km/h	
铁建设〔2005〕140 号 (已废止)	新建时速 200 ~ 250 公里客运专线铁路设计暂行规定(上、下)	200 ~ 250 km/h	无相关说明
TB10623—2014	城际铁路设计规范	120 km/h、160 km/h、200 km/h	无相关说明
铁建设函〔2005〕285 号	新建时速 200 公里客货共线铁路设计暂行规定	200 km/h	列车在隧道内运行时的空气阻力增量一般不超过明线上空气阻力的 30%

注:①隧道中列车的空气阻力计算采用了改进后的日本原朝茂公式;单线隧道 42 m^2、双线隧道 76 m^2 条件。

②隧道净空面积 100 m^2 条件,依据铁科院研究报告计算。

3.5.3 影响因素

国内外试验资料和理论研究表明,列车隧道内空气阻力的影响因素主要有列车进入隧道的速度、列车头部形状、列车头部的长细比、隧道的阻塞比、隧道长度、隧道内轨道结构、辅助坑道和列车交会等。其中列车进入隧道的速度、隧道的阻塞比、列车头部形状是最为重要的影响因素。

1. 阻塞比

空气阻力随阻塞比的增加而单调增加，并且斜率越来越大。以速度 250 km/h 为例，阻塞比从 0.15 增加到 0.2 时，空气阻力将增加 13%；当阻塞比从 0.4 增加到 0.5 时，空气阻力增加 16%。

2. 隧道长度

研究表明，列车隧道内空气阻力随隧道长度的增加而增加，但其增加率越来越小，最后趋于一常数。阻塞比越小，趋于常数所需的隧道长度越短。当阻塞比为 0.15 时，隧道长度超过 3.0 km 以后，空气阻力已变化不大；而对于阻塞比 0.42 的情况，隧道长度超过 10.0 km 后，空气阻力仍有较大的变化。

3. 竖井

竖井的存在，可降低列车隧道内空气阻力，但这种影响并不是很大。以设在隧道中断面积为 5 m^2 的竖井为例，当阻塞比为 0.42 时，空气阻力减少 7%；当阻塞比为 0.15 时，空气阻力仅降低 1.2%。

4. 列车在隧道内交会

以隧道长度 3.0 km、断面积 100 m^2、阻塞比 0.1 为例，两列长 360 m 的列车在隧道内交会，当车体重合时，空气阻力系数将增加 23%。

5. 列车进入隧道的速度

经验公式表明空气阻力大致与列车速度的平方成正比。

6. 列车头部形状

流线型车头的空气阻力比钝形车头的空气阻力小。简单地说，流线型是指流体平滑流过而不从表面分离的物体外形。当物体表面上的边界层发生分离时，会产生非常大的压差阻力。例如，当运动时速 338 km 时，一个流线型机翼所受的阻力只有圆柱体所受阻力的 10% 左右。所以，优化外形的效果是很明显的，即所谓的气动优化设计。当然，高速列车的外形还要满足其他的要求和约束，工程师必须全面考虑、适当选定。

7. 隔墙

国内有学者通过隧道中高速列车空气阻力的水流模型实验，发现隔墙的存在将增加列车的空气阻力，但增加的幅度在 10% 以内。

3.5.4 理论计算

1. 原朝茂计算方法

日本学者将列车划分为三段，分别建立气流的动量方程，推导出隧道内列车所受的空气阻力 D 为

$$D = C_{\mathrm{D}} \frac{\rho v_0^2 A_0}{2} = \tag{3—22}$$

$$\frac{a + C_{\mathrm{DP}}}{(1-a)^2}\left(\frac{v'}{v_0}\right)^2 + C_{\mathrm{Df}}\left(\frac{v'}{v_0}\right)^2 \left\{\frac{1}{(1-a)^3} + \frac{b a^{1/2}}{(1-a)^3}\left|1-(1-a)\frac{v'}{v_0}\right|\left[1-(1-a)\frac{v'}{v_0}\right]\right\} \tag{3—23}$$

式中 ρ ——空气密度（kg/m^3）；

v_0 ——列车速度（m/s）；

v' ——隧道气流相对于列车的速度（m/s）；

A_0 ——参考面积,列车最大横截面面积(m^2);

C_D——空气阻力系数;

a ——阻塞比;

b ——隧道壁的摩擦阻力系数对平板摩擦阻力系数的比值;

C_{DP} ——车尾压差阻力系数,由于 C_{DP} 值本身不大,约为 0.1 ~ 0.2,因此可采用列车在明线上运行的压差阻力系数,而不致引起过大误差;

C_{Df} ——列车壁的摩擦阻力系数。

上式中 $\frac{v'}{v_0}$ 的计算如下:

$$\frac{v'}{v_0} = \frac{C_1 - \sqrt{C_1^2 - C_0 C_2}}{C_0} \tag{3—24}$$

其中

$$C_0 = \frac{l - l_0}{l_0} - \frac{(\pm 1)}{(1 - a)^3} - \frac{a^{1/2}}{b}\left[\frac{a + C_{DP}}{C_{Df}(1 - a)^2} + \frac{1}{(1 - a)^3}\right]$$

$$C_1 = \frac{l - l_0}{l_0} - \frac{(\pm 1)}{(1 - a)^2}$$

$$C_2 = \frac{l - l_0}{l_0} - \frac{(\pm 1)}{1 - a}$$

当 $\frac{1}{1 - a} \times \frac{v'}{v_0} - 1 > 0$ 时,C_0、C_1、C_2 各算式中的(± 1)取正号,否则取负号,所以 $\frac{v'}{v_0}$ 的计算取叠代验算。

2. T. HARA、N. NISHIOKA 等人的经验公式

T. HARA、N. NISHIOKA 等人根据东海道新干线的现场试验资料,发现空气阻力同列车速度二次方成正比,提出了以下气动阻力的经验公式。

$$D = 9.8(a_{td} + b_{td}L)v^2 \tag{3—25}$$

式中 a_{td}、b_{td} ——系数,见表 3—8;

L ——隧道长度(m)。

表 3—8 阻力公式中的系数 a_{td} 和 b_{td}

空气阻力系数	a_{td}	b_{td}
明线	0.013	0.000 29
隧道(2 ~ 20 km)	0.050	0.000 34
特长隧道(40 km)	0.050	0.000 50

注:当考虑列车在隧道内交会及隧道内竖井影响时,则需对公式进行修正。

3. 内阿克计算方法

列车在隧道中运行时,环状空间中的空气是处在固定的隧道壁和移动的列车壁之间的,在列车的前后方压力差作用下流动。环状空间横断面上的速度分布与一般管道横断面上的速度分布不同,所以阻力系数也不同。内阿克根据厄肖恩的理论模型提出考虑环状空间速度分布特点的空气阻力计算方法。

气流在列车和隧道壁之间的流动,可近似地看作在两个同心圆柱的间隙中的轴对称流动,即把列车壁和隧道壁看作两个同心圆柱面,其半径分别为 r_V 和 r_t,如图 3—10 所示。

图 3—10　计算环状空间空气阻力

在环状空间中取一长度为 dx 的圆环，如图 3—11 所示。圆环的内径为 r，外径为 $r+\mathrm{d}r$；圆环的内外圆柱面上的单位面积摩擦力（切应力）分别为 τ 及 $\tau+\mathrm{d}\tau$；圆环两端面所受的压强分别为 p 及 $p+\mathrm{d}p$。

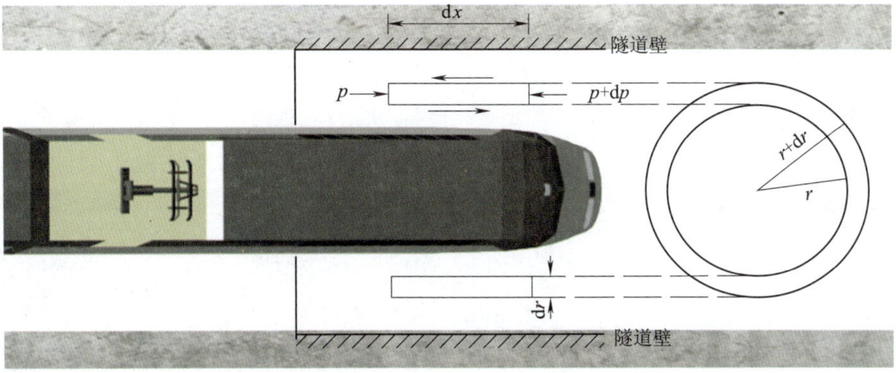

图 3—11　环状空间中气流受力

由动量方程得

$$2\pi r\mathrm{d}r(p+\mathrm{d}p)-2\pi r\mathrm{d}r\cdot p+2\pi(r+\mathrm{d}r)(\tau+\mathrm{d}\tau)\mathrm{d}x-2\pi r\tau\mathrm{d}x=0$$

略去高阶微量，整理得

$$\frac{1}{r}\frac{\mathrm{d}(\tau r)}{\mathrm{d}r}=-\frac{\mathrm{d}p}{\mathrm{d}x}\tag{3—26}$$

但 $\frac{\mathrm{d}p}{\mathrm{d}x}$ = 常量，因此积分上式

$$\int_{r_V\tau_V}^{r_t\tau_t}\mathrm{d}(r\tau)=-\frac{\mathrm{d}p}{\mathrm{d}x}\int_{r_V}^{r_t}\mathrm{d}r$$

得

$$r_t\tau_t-r_V\tau_V=-\frac{r_t^2-r_V^2}{2}\frac{\mathrm{d}p}{\mathrm{d}x}$$

或

$$\tau_V\left(1-\frac{h}{2r_0}\right)-\tau_t\left(1+\frac{h}{2r_0}\right)=h\frac{\mathrm{d}p}{\mathrm{d}x}\tag{3—27}$$

式中　τ_V——列车壁面单位面积摩擦力；

τ_t——隧道壁面单位面积摩擦力；

$\frac{\mathrm{d}p}{\mathrm{d}x}$——环状空间的压力梯度；

$r_0=\frac{1}{2}(r_t+r_V)$；

$h = r_t - r_V$。

式(3—27)中 τ_V、τ_t 及 $\frac{dp}{dx}$ 均为未知量,因此还应建立下面几个关系式,以求解这些未知量。

(1)从速度分布寻求 τ_V 与 τ_t 的关系。

环状空间横断面上的各点速度可认为按对数规律分布。根据 $\frac{dp}{dx}$ 和列车速度 v_0 的不同大小,可能有三种速度分布形状,如图 3—12 所示。图 3—12(a)表示列车向右运动而环状空间气流相对于隧道壁向左流动的情况;图 3—12(b)表示列车和环状空间气流都向右运动;图 3—12(c)中的环状空间气流大部分向右运动,小部分向左运动。图中 h_V 和 h_t 分别表示列车壁和隧道壁对速度分布影响的范围。

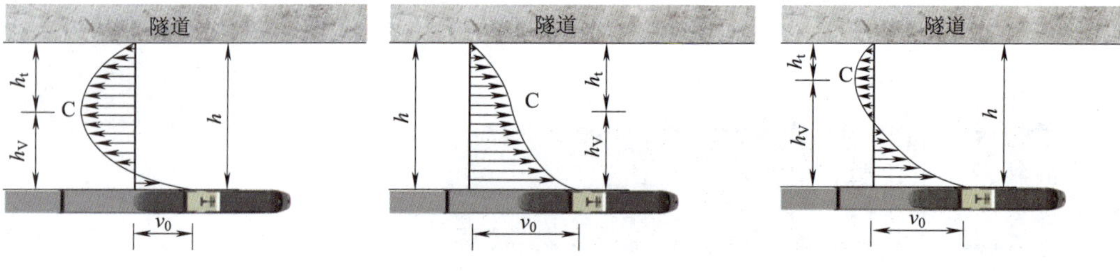

图 3—12 环状空间的速度分布

由于隧道壁一般是水力光滑壁,列车壁则有各种突起的零部件而形成水力粗糙壁。所以,在 $r > r_V + h_V$ 处,即在隧道壁的影响范围内,横断面上各点的速度 v 为

$$v = 2.5\sqrt{\frac{\tau_t}{\rho}}\left[\ln\frac{(r_t - r)\sqrt{\frac{\tau_t}{\rho}}}{\nu} + 2.04\right] \tag{3—28}$$

式中 ν ——运动黏性系数。

在 $r < r_V + h_V$ 处,属于列车壁的影响范围,横断面上各点的速度 v' 为

$$v' = v_0 - 2.5\sqrt{\frac{\tau_V}{\rho}}\left[\ln\frac{r - r_V}{\varepsilon_V} + 3.7\right] \tag{3—29}$$

式中 v_0 ——列车壁的移动速度;

ε_V ——列车壁的粗糙突起高度。

在 $r = r_V + h_V$ 的那一点上(C 点),由式(3—28)和式(3—29)算得的速度应当相等,于是:

$$2.5\sqrt{\frac{\tau_t}{\rho}}\left[\ln\frac{h_t\sqrt{\frac{\tau_t}{\rho}}}{\nu} + 2.04\right] = v_0 - 2.5\sqrt{\frac{\tau_V}{\rho}}\left[\ln\frac{h_V}{\varepsilon_V} + 3.7\right] \tag{3—30}$$

(2)从切应力寻求 τ_V 与 τ_t 的关系。

对图 3—12(b)型的速度分布,在 $r = r_V + h_V = r_t - h_t$ 处,即在拐点 C 处的切应力为

$$\tau = -\mu\frac{dv}{dr}$$

式中 μ ——动力黏性系数。

在 C 点处的速度梯度 $\frac{dv}{dr}$ 按式(3—28)计算的结果与按式(3—29)计算的结果应当相等,

由此可得：

$$\frac{1}{h_t}\sqrt{\frac{\tau_t}{\rho}} = \frac{1}{h_V}\sqrt{\frac{\tau_V}{\rho}} \tag{3—31}$$

对图 3—12(a)型和图 3—12(c)型的速度分布，则根据在图中最大速度点 C_1 点处的速度梯度 $\frac{dv}{dr} = 0$，即切应力 $\tau = 0$ 的条件，对式(3—26)积分

$$\int_{r\tau}^{r_t\tau_t} d(r\tau) = -\frac{dp}{dx}\int_{r}^{r_t} r dr$$

在 $r = r_V + h_V$ 处，$\tau = 0$ 代入得：

$$\tau_t = -h_t\frac{dp}{dx}\left(1 - \frac{h_t}{2r_0 + h}\right) \tag{3—32}$$

同理，由 $\int_{r_V\tau_V}^{r\tau} d(r\tau) = -\frac{dp}{dx}\int_{r_V}^{r} r dr$，

在 $r = r_t - h_t$ 处，$\tau = 0$ 代入得：

$$\tau_V = h_V\frac{dp}{dx}\left(1 + \frac{h_V}{2r_0 - h}\right) \tag{3—33}$$

(3)由环状空间横断面上的流速分布求通过的流量 Q 与 h_V 及 h_t 的关系。

对图 3—12(b)型的速度分布：

$$Q = \int_{r_V}^{r_V+h_V} v'2\pi r dr + \int_{r_t-h_t}^{r_t} v2\pi r dr \tag{3—34}$$

对图 3—12(a)型和(c)型的速度分布：

$$Q = \int_{r_V}^{r_0} v'2\pi r dr - \int_{r_0}^{r_V+h_V} v'2\pi r dr - \int_{r_t-h_t}^{r_t} v2\pi r dr \tag{3—35}$$

式中　r_0 ——速度 v' 为零处的半径，由式(3—29)求得。

(4)由连续方程求 Q 与活塞风速 v 的关系。

$$Q = Av - A_0v_0 \tag{3—36}$$

式中　A ——隧道断面积；

v ——列车活塞风速；

A_0 ——列车断面积；

v_0 ——列车速度。

(5)由能量方程求 $\frac{dp}{dx}$ 与活塞风速 v 的关系。

$$p_3 - p_4 = p_2 - p_5 - (p_2 - p_3) + (p_5 - p_4)$$

即

$$l_0\frac{dp}{dx} = \lambda\frac{l - l_0}{d}\frac{\rho v^2}{2} - \zeta_{23}\frac{\rho(v_0 - v)^2}{2} + \zeta_{45}\frac{\rho(v_0 - v)^2}{2} \tag{3—37}$$

式中　d ——隧道水力直径；

λ ——隧道沿程阻力系数；

ζ_{23} ——流进环状空间的局部阻力系数；

ζ_{45} ——流出环状空间的局部阻力系数。

(6)几何关系。

$$h = h_V + h_t \tag{3—38}$$

由式(3—27)、式(3—30)、式(3—31)、式(3—34)、式(3—36)、式(3—37)、式(3—38)等七个关系式可求得图3—12(b)型速度分布情况的七个未知量 τ_V、τ_t、h_V、h_t、$\frac{dp}{dx}$、Q、v。对图3—12(a)型及(c)型的速度分布,则由式(3—27)、式(3—28)、式(3—32)、式(3—33)、式(3—35)、式(3—36)、式(3—37)、式(3—38)求解有关的未知量。

然后,根据计算所得的列车避免单位面积摩擦力 τ_V 以及由式(3—37)算得的列车前后方的压强差 $(p_2 - p_5)$,计算列车的摩擦阻力 D_f 及压差阻力 D_p。

$$D_f = \tau_V x l_0 \tag{3—39}$$

式中 l_0——列车的长度;

x——列车的横断面周边长。

$$D_p = (p_2 - p_5) A_0 \tag{3—40}$$

于是,列车的空气阻力为

$$D = D_f + D_p \tag{3—41}$$

内阿克计算方法虽然在理论上比较严谨,但计算工作量很大,一般需用计算机进行计算。

3.5.5 减缓措施

高速列车的减阻措施可以归纳为:

(1)优化列车头部形状,采用流线型,包括增加流线型头部长度,合理设计流线型头部俯视形状等;

(2)相邻车辆连接部位采用外风挡结构,将车体连接部分的外表面延伸,使得两车体外表面间距缩小,以减弱气流分离及冲刷强度,减小列车空气压差阻力;

(3)整列车用同一断面形状的车辆编组,并采用光滑的车身和平齐的门窗,以减小列车空气摩擦阻力;

(4)综合考虑工程造价、实际运营等因素,确定合理的阻塞比。

3.6 气动噪声

3.6.1 产生机理

行驶中的列车和空气发生相互作用,在列车外部形成复杂的绕流场。由于列车外形的复杂性,气体流动多是不平顺的,在列车车身表面的拐角处会发生流动分离现象,形成复杂的涡流流动,正是这些复杂的涡流流动产生了很高的脉动压力,进而诱发了极大的振幅和频率杂乱的声音,即为气动噪声。

早期的电力牵引车组的噪声主要来自轮轨噪声和受电弓摩擦及放电噪声,随着机车的更新与技术进步,该类噪声大大减少。对于高速列车气动噪声,其产生的原因较为复杂,但主要产生于列车表面装置和特殊结构的特定位置。现有研究结论表明,不同位置的气动噪声,其产生机理也不同,大致可归纳为由于气流流经结构部件表面产生的噪声和湍流流动产生的噪声两大类。前者包括:受电弓、车辆连接处、车顶百叶窗、转向架和空调通风设备;后者包括车身表面的涡流附面层、头车边界层的分离和尾车的非稳态尾流。

1. 受电弓

在受电弓处产生气动噪声的机理是:构成受电弓的各种杆件引起非稳态气流,进而形成周期性的涡旋脱落,从而产生噪声。它有如下的特点:

(1)随速度的增加以速度的6次方成比例增大,与列车气动噪声一致;

(2)列车前部机车上的受电弓气动噪声大;

(3)其频率成分以300~600 Hz的低频带为主。

2. 车辆连接处和车顶百叶窗

车厢连接部位和车顶百叶窗可以被看作是“敞开的”槽穴,即槽穴的长宽比 $l/h=7:8$,在这种情况下会发生两种现象:

(1)当 $l/h>1$ 时:由于声波和剪切边界层振荡的耦合而导致的自持振荡,即所谓的气动反馈;

(2)当 $l/h<1$ 时:槽穴比较深,因而仅发生声音共振现象。

3. 转向架

在高速列车的转向架处会产生较明显的气动噪声,尤其是在头车前转向架部位。转向架部位的气流非常复杂,对转向架部位气动噪声的产生机理至今还未有很合理的解释。从列车的侧面看,转向架部分是一个很大的豁口,由于这个豁口的存在,不但转向架本身会引起底部严重的气流分离,产生旋涡,而且两侧下部流向底部的气流在豁口处也受到严重的干扰,当车轮旋转时,产生明显的旋涡区,干扰并阻碍侧面下部和底部的气流顺畅地流动,使气动阻力增大,从而加大了气动噪声。

4. 列车车身表面、头车和尾车

由于高速列车车身表面存在湍流层,在车身表面产生的气动噪声是所有气动噪声中最低的,对总的车外辐射噪声影响较小,但也是最难以抑制的。而且,随着列车速度的进一步提高,它会越来越显著甚至起主导作用。另外,车身表面湍流流动会对车体形成波动荷载,使其强迫振动,进而使车身结构产生振动声辐射,对车内噪声产生较大影响。由于头车车头附近有很多集中的表面状态变化,另外沿表面的气流大,从而导致在该处产生剧烈的空气湍流并形成噪声,其噪声频谱呈连续分布特性;利用平滑流线型表面可使噪声减少10 dB左右。列车尾流不单对行车安全和周边环境带来不利影响,还会产生尾流气动噪声。高速列车尾流气动噪声相对其他气动声源所产生的不利影响要小,但作为高速列车气动噪声来源之一,须在设计阶段给予相应的重视。

3.6.2 影响因素

1. 列车运行速度

在一般情况下,高速列车气动噪声的大小主要取决于列车的运行速度,大约正比于运行速度的6~8次方。随着列车速度的提高,启动噪声将急剧增加。低速运行时,列车阻力中空气阻力所占比例极小,但当速度达到200 km/h和300 km/h时,所占比例分别将上升到70%和80%左右。

2. 列车外形

列车外形越复杂,偏离流线型越远,则气动噪声越严重。

3.6.3 减噪措施

气动噪声的产生机理不同,相应的降噪措施也不同。若不对高速列车的气动噪声进行有效的控制，将对乘客及沿线居民产生严重的噪声污染。此外，如果高速列车气动噪声大，也表明它的气动外形设计不尽合理。因为湍流噪声的产生机制和气动阻力的产生机制是相同的，都和物体表面上的边界层流动密切相关，特别是取决于其湍流状态。这就是说，高速列车的气动噪声大，其气动阻力必然大，那样高速列车所需的动力也就要增大。因此，减少高速列车的气动噪声，不仅是改善高速列车运行环境的需要，也是减少高速列车运行阻力的需要。

1. 降低受电弓气动噪声的措施

（1）受电弓附近装受电弓罩。采用受电弓罩的目的：首先，它由前后板和侧板构成，前后板具有降低受电弓及其附近突起物的风速功能，侧板有分担受电弓罩内以及屏蔽来自受电弓上部产生噪声的功能，可降噪 6 dB；其次，将气流引向上方，降低气流冲击受电弓的速度。然而，受电弓罩本身也会产生气动噪声，因此要采用合适的受电弓和受电弓罩结合方式。

（2）改进受电弓杆件的结构。受电弓结构的圆柱、角柱等相同截面材料，产生周期性涡流带来的噪声，而制成不均匀断面来抑制这种噪声。

（3）减少受电弓的数目。

（4）设置受电弓沟槽。例如，对于 TGV 列车来说，受电弓并不是简简单单地安装在车厢的顶部，而是安装在车厢的凹槽内（即所谓的受电弓沟槽），其装置能够遮掩受电弓产生的气动噪声，而 ICE 列车的受电弓是直接安装在车厢的顶部，其产生的噪声级要大于 TGV 列车产生的噪声级。

（5）采用低噪声受电弓和受电弓罩。

2. 降低车厢间连接部位及百叶窗气动噪声的措施

（1）车厢的连接处安装风挡。试验结果表明，空气流经小风挡位置或没有风挡时，有较强的流动分离现象，因此会产生很大的气动噪声。采用大风挡和全封闭风挡可明显减少列车的气动噪声，其中大风挡比小风挡列车气动阻力减小 18.9%，全封闭风挡比小风挡列车阻力减小 30.9%。

（2）连接风挡处采用韧性材料。在新干线列车的侧墙上部有多种形式的换气用的窗口，装有百叶窗的纵向的格子结构有时产生明显的气动噪声。从百叶窗产生的气动噪声是由格子杆件的断面大小与车速决定的，具有显著的频率成分。目前采用横向格子的措施，大幅度减低了百叶窗的噪声。

3. 降低转向架气动噪声的措施

对转向架进行整流的主要措施是设置裙部。裙部一般在转向架外侧适当高度处设置在沿列车两侧下部，其结构形状通常取平板形，外形面与车体竖向和纵向的型面协调一致。当转向架外侧加上裙部后，裙部使纵向向后流动的气流顺畅地流动，并隔离了列车下部周围气流涌向列车底部，起到减阻作用，同时对改善横向绕流特性也有利。试验研究表明，在头车和尾车转向架外侧加上裙部后，可使其气动阻力系数减小 3%，也降低了其气动噪声。

3.7 本章小结

隧道气动效应需要研究的参数包括隧道内气动荷载、洞口微气压波、乘客乘坐舒适性、行车阻力、列车风、气动噪声等，本章简要介绍了相关参数影响因素及理论计算方法，可为相关研究提供参考。

4

线 间 距

线间距又称“股道间距”。两相邻股道(线路)中心线间的距离应符合有关限界规定,符合行车组织的需要以及人身安全和作业安全的要求。铁路区间或车站线路的直线地段的最小标准股道间距(线间距)可在有关规范上查得。例如:现有铁路双线区间,两正线中心线间的最小距离为 4 000 mm;车站内相邻两股到发线中心线间最小距离规定为 5 000 mm;若两相邻股道均通行超限货物列车且线间设有高柱信号机时,则线间距为 5 300 mm 等。曲线地段的股道间距,除依据规定的直线地段股道间距数值外,还需考虑曲线的内侧加宽值和外侧加宽值,一般通过计算求得。

4.1　国内外高速铁路线间距对比

日本、法国、德国及中国高速铁路列车车体宽度、线间距、隧道断面积等相关资料见表 4—1。

表 4—1　国内外线间距相关资料

国别	车型	车速(km/h)	车体宽度(m)	线间距(m)	车间距(m)	双线隧道断面积(m^2)
中国	CRH6	200(城际)	3.3	4.2	0.9	72
	CRH2	200	3.38	4.4	1.02	80
	CRH2	250	3.38	4.6	1.22	92
	CRH380A	300	3.38	4.8	1.42	100
	CRH380A	350	3.38	5.0	1.62	100
	CR400AF	350	3.36	5.0	1.64	100
	CR400BF	350	3.36	5.0	1.64	100
日本	100 系	210	3.38	4.3	0.92	64
	200 系	255	3.38	4.3	0.92	
	300 系	270	3.38	4.2	0.82	
	WIN350	350	3.38	4.3	0.92	
	STAR21	350	3.10	4.3	1.20	
法国	TGV	270	2.805	4.2	1.395	83
		300	2.905	4.5	1.595	71
		350	2.905	4.8	1.90	100
德国	ICE	300	3.02	4.5	1.48	92

注:200 km/h(城际)等级线间距和断面面积资料来源于《城际铁路设计规范》,200 km/h 等级线间距和断面面积资料来源于《新建时速 200 ~ 250 公里客运专线铁路设计暂行规定》,250 ~ 350 km/h 等级的线间距和断面面积资料来源于《高速铁路设计规范》。国外情况资料来源:数据主要来源于《高速铁路设计规范》。

对比分析日本、德国、法国及我国高速铁路线间距，日本线间距最小，我国线间距最大，以350 km/h 等级线路为例，日本线间距为4.3 m，法国为4.8 m，我国为5 m。

车间距（线间距减去车体宽度）是影响列车交会空气压力波的主要影响因素之一，相较而言，日本的车间距最小，法国的最大，为日本车间距的2倍左右，我国车间距略小于法国和德国（300 km/h 等级）。

4.2 我国铁路线间距确定方法

线间距实际上是一个车—线匹配问题，采用较小线间距可减少土地占用，降低工程造价，但需要提高列车车体承受会车压力波的能力或降低舒适度；反之，采用较大的线间距可降低对列车的要求，并提高舒适度，但相应会提高工程造价。

线间距的主要的控制因素包括车辆列车限界、空气动力学性能及空气动力学性能对车辆动力学性能的影响等。研究结果表明，设计速度超过160 km/h 的铁路线间距主要受列车交会时产生的交会压力波的影响控制。一方面，相邻线路在列车交会时，会车压力波不得超过车体所能承受的允许值，即车体气密强度；另一方面，两列车交会引起压力波动对对列车运行的安全性、稳定性的影响，尤其是在曲线地段高速交会时，缓和曲线区段的额外线路激扰和未均衡离心力再叠加瞬间剧烈变化的空气动力荷载，如果线间距过小可能引发列车剧烈振动甚至脱轨。

根据《〈铁路技术管理规程（高速铁路部分）〉条文说明（上册）》第15条：不同运营速度线间距不得少于4 200 mm、4 400 mm、4 600 mm、4 800 mm、5 000 mm，是考虑机车车辆限界半宽1 700 mm，静态相邻列车车体最小间距400 mm，再考虑动车组轴重轻，压力波产生的车体震动，列车速度使列车运行摆幅和相对运行列车空气压力增大所需的安全空间（$v=160$ km/h 时为400 mm、160 km/h $<v\leqslant$ 200 km/h 时为600 mm、200 km/h $<v\leqslant$ 250 km/h 时为800 mm、250 km/h $<v\leqslant$ 300 km/h 时为1 000 mm、300 km/h $<v\leqslant$ 350 km/h 时为1 200 mm），即

$v=160$ km/h 时，正线最小线间距 $=1\ 700\times2+400+400=4\ 200$（mm）

160 km/h $<v\leqslant$ 200 km/h 时，正线最小线间距 $=1\ 700\times2+400+600=4\ 400$（mm）

200 km/h $<v\leqslant$ 250 km/h 时，正线最小线间距 $=1\ 700\times2+400+800=4\ 600$（mm）

250 km/h $<v\leqslant$ 300 km/h 时，正线最小线间距 $=1\ 700\times2+400+1000=4\ 800$（mm）

300 km/h $<v\leqslant$ 350 km/h 时，正线最小线间距 $=1\ 700\times2+400+1200=5\ 000$（mm）

构成线间距的第三部分为由于列车本身的振动和由于列车交会产生的气动力引起的车辆偏移之和，一般来说，当动车组车体的侧滚角超过3.5°、重心横移量超过130 mm 时，动力学指标会超标。动车组重心距轨面高度约1.4 m，则侧滚3.5°、同时重心横移量超过100 mm 时，按动车组车高4.0 m 考虑（动车组车顶为圆弧，按此考虑已留有余量），则由于侧滚和横移引起的车体距轨面4.0 m 高位置的横移量为289 mm。

综上分析可知，我国目前不同速度等级线路线间距有一定的安全余量。

4.3 线间距影响分析

4.3.1 仿真分析

1. 车辆模型

选用 CRH2C、CRH380A 两种车型计算分析不同速度等级铁路线间距，主要参数和头型对比见表 4—2。

表 4—2 典型车型动车组相关尺寸参数对比

车型	流线型长度 L_{str}（m）	车长 L_{tr}（m）	车宽 W（m）	车高 H（m）	车体横截面积 S_{tr}（m^2）	头型
CRH2C	9	201.4	3.38	3.7	11.12	
CRH380A	12	203	3.38	3.7	11.12	

2. 网格划分

图 4—1 和图 4—2 分别为隧道壁面以及隧道口处网格图，计算区域采用分区对接网格技术，其中隧道和地面用六面体结构化网格离散；列车由于其外形为三维自由曲面，用四面体非结构化网格离散。

图 4—1　隧道壁面网格图

图 4—2 隧道口处网格图

3. 边界条件

对于列车表面，给定运动边界条件：X 方向速度分量等于给定的列车运行速度 v，Y、Z 向速度分量等于 0。

流域两侧面、顶面、底面，给定无滑移边界条件。

进口边界条件，相对压强 $P_{in}=0$；出口边界条件，相对压强 $P_{out}=0$。

隧道壁面采用标准壁面函数模拟。

4. 模型验证

CRH380A 型动车组以 300 km/h 的速度通过某隧道时，车体表面压力变化峰峰值的仿真计算、动模型试验和实车试验结果对比如图 4—3 所示。

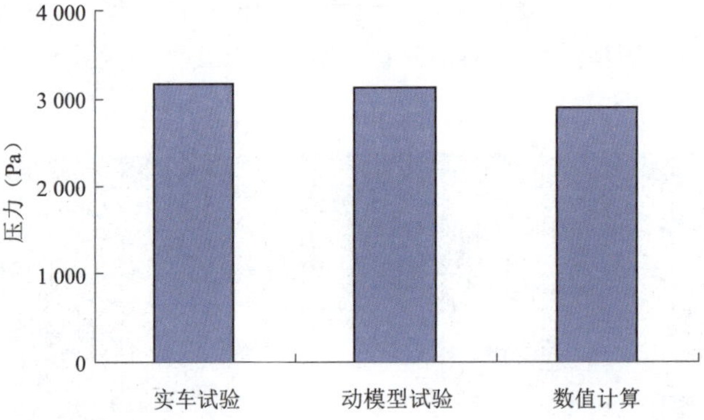

图 4—3 车体表面最大压力峰峰值仿真计算、实车试验和动模型试验结果比较

对比分析可知，数值仿真与实车试验结果、动模型试验结果吻合度较好，测点峰峰值误差在 5% 以内，满足计算精度要求。

5. 线间距变化对车体表面压力影响分析

(1)200 km/h 等级铁路

CRH2 动车组以 200 km/h 的速度在最不利长度(1 236 m)隧道内交会时，不同线间距情况下车体表面压力变化仿真计算结果见表 4—3。

表 4—3 不同线间距情况下车体表面压力变化幅值($v=200$ km/h)

线间距(m)	净空面积 80 m²			
	正峰值(Pa)	负峰值(Pa)	峰峰值(Pa)	当量荷载(Pa)
4.0	872	-2 655	3 527	±2 000
4.2	868	-2 517	3 385	±1 911
4.4	859	-2 311	3 170	±1 778
4.6	853	-2 197	4 252	±1 703

《时速 350 公里中国标准动车组暂行技术条件》(TJ/CL 342—2014)中规定:单节车辆在整备状态下,关闭门窗及空调设备的对外开口时,车厢内空气压力由 4 000 Pa 降至 1 000 Pa 的时间应大于 60 s。根据气密性指数定义:

$$\tau = -\frac{t}{\ln\frac{(P_i - P_e)_f}{(P_i - P_e)_0}} \tag{4—1}$$

式中 t——车内压力泄漏的时间;

$(P_i - P_e)_0$——初始车内外压差;

$(P_i - P_e)_f$——泄漏后车内外压差。

上述泄露时间 60 s 对应气密性指数为 43.3 s;泄露时间 50 s 对应的气密性指数为 36 s。

CRH2 动车组以速度 200 km/h 通过最不利隧道长度时,不同气密指数情况下车内 3 s 压力变化幅值见表 4—4。

表 4—4 不同气密指数下 CRH2 型动车组车内 3 s 压力变化幅值($v=200$ km/h)

车速(km/h)	净空面积(m²)	静态气密指数					
		18	22.5	30	36	43.3	60
200	80	418	346	269	230	194	143

注:列车动态气密指数约为静态气密指数的 1/2 ~ 1/3。

仿真结果表明,既有时速 200 km 铁路隧道线间距(4.4 m)具有一定优化空间。

(2)250 km/h 等级高速铁路

CRH2 动车组以 250 km/h 的速度在最不利长度(989 m)隧道内交会时,不同线间距下车体表面压力变化仿真计算结果见表 4—5。

表 4—5 不同线间距下车体表面压力变化幅值($v=250$ km/h)

线间距(m)	净空面积 92 m²			
	正峰值(Pa)	负峰值(Pa)	峰峰值(Pa)	当量荷载(Pa)
4.0	1 113	-2 952	4 065	±2 276
4.2	1 098	-2 769	3 867	±2 155
4.4	1 089	-2 627	3 716	±2 062
4.6	1 084	-2 505	3 589	±1 983

CRH2 动车组以速度 250 km/h 通过最不利长度隧道时,不同气密指数时的车内 3 s 压力变化仿真计算结果见表 4—6。

表 4—6 不同气密指数下 CRH2 型动车组车内 3 s 压力变化幅值(v=250 km/h)

车速(km/h)	断面面积(m^2)	静态气密指数					
		18	22.5	30	36	43.3	60
250	92	407	342	270	232	197	147

仿真结果表明,既有时速 250 km 高速铁路隧道线间距(4.6 m)具有一定优化空间。

(3)350 km/h 等级高速铁路

CRH380A 动车组以 350 km/h 的速度在最不利长度(706 m)隧道内交会时,不同线间距情况下车体表面压力变化仿真计算结果见表 4—7。

表 4—7 不同线间距下车体表面压力变化幅值(v=350 km/h)

线间距(m)	净空面积 100 m^2			
	正峰值(Pa)	负峰值(Pa)	峰峰值(Pa)	当量荷载(Pa)
4.0	2 943	−7 190	10 133	±5 630
4.2	2 938	−6 839	9 777	±5 406
4.4	2 927	−6 566	9 493	±5 229
4.5	2 935	−6 451	9 386	±5 159
4.6	2 912	−6 345	9 257	±5 084
4.8	2 901	−6 171	9 072	±4 970
5.0	2 886	−6 024	8 910	±4 871

CRH380A 动车组以 350 km/h 的速度通过最不利长度隧道时,不同气密指数情况的车内 3 s压力变化仿真计算结果见表 4—8。

表 4—8 不同气密指数下 CRH380A 动车组车内 3 s 压力变化幅值(v=350 km/h)

车速(km/h)	断面面积(m^2)	静态气密指数					
		18	22.5	30	36	43.3	60
350	100	740	599	455	385	321	232

仿真结果表明,既有时速 350 km 高速铁路隧道线间距(5.0 m)具有一定优化空间。

综上分析结果,我国目前不同等级铁路线间距均具有一定的优化空间。

4.3.2 实车试验

1. 明线交会

(1)车体表面气动荷载

CRH380A 和 CRH380C 动车组以 350 km/h 的速度明线等速交会时(线间距 5.0 m)的车体表面压力变化幅值见表 4—9,动车组以 350 km/h 的速度明线交会时,车体承受的当量荷载分别为 ±869 Pa 和 ±836 Pa,远小于现行车体结构强度标准值 ±6 000 Pa。

表 4—9 明线交会工况时的车体表面压力变化幅值

车型	速度(km/h)	线间距(m)	正峰值(Pa)	负峰值(Pa)	峰峰值(Pa)	当量荷载(Pa)
CRH380A	350	5.0	901	−850	1 750	±869
CRH380C	350	5.0	866	−819	1 685	±836

CRH2 和 CRH5 动车组以 250 km/h 的速度在明线等速交会时(线间距 4.6 m)的车体表面压力变化幅值见表 4—10。

表 4—10 明线交会工况时的车体表面压力变化幅值

车型	速度(km/h)	线间距(m)	正峰值(Pa)	负峰值(Pa)	峰峰值(Pa)	当量荷载(Pa)
CRH2	250	4.6	601	-562	1 164	±576
CRH5	250	4.6	688	-659	1 347	±670

动车组以 250 km/h 的速度明线交会时,4.6 m 线间距情况下,车体承受的当量荷载分别为 ±576 Pa 和 ±670 Pa,远小于现行车体结构强度标准值 ±4 000 Pa。

表 4—11 为实车试验过程中,CRH2 型动车组以不同速度在明线交会时,车内压力 3 s 压力变化幅值。

表 4—11 明线交会工况下车内压力变化幅值

线间距(m)	速度等级(km/h)	3 s 变化幅值(Pa)
5	250	23
	275	36
	300	56
	350	102

明线交会试验结果表明,线间距为 5 m 时,车内 3 s 压力变化幅值为 102 Pa,远小于人体舒适性标准 800 Pa/3 s。

(2)明线线间距变化对车体表面气动荷载影响

图 4—4 为 CRH380A 型动车组在线间距分别为 4.4 m、5 m 线路明线交会时车体表面气动荷载实车结果。

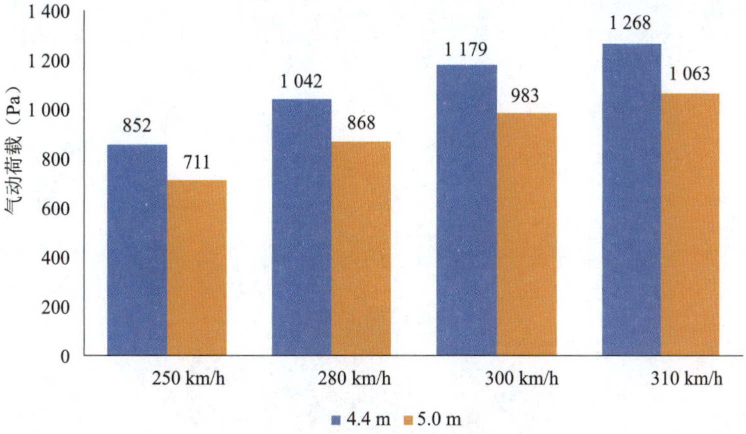

图 4—4 不同线间距下明线交会试验结果对比

测试结果表明,明线交会情况下,车体表面气动荷载值不大,但线间距变化引起的车体表面气动荷载变化率大,4.4 m 线间距下车体表面交会压力波较 5.0 m 线间距增大约 20% 左右,350/350 km/h 交会时,4.4 m 线间距下车体表面交会压力波比 5.0 m 线间距下增大约 205 Pa。

综上可知,CRH 型动车组以 350 km/h 的速度明线运行时,车体表面最大当量荷载和车内 3 s 压力变化幅值均远远小于标准值,表明列车明线交会空气动力学效应并非制约线间距的主要因素。

2. 隧道内交会

(1)列车在最不利长度隧道内交会气动荷载特性

图 4—5 为列车以 350 km/h 的速度在隧道内交会时,车体表面气动荷载随隧道长度的变化规律。由图可知,随着隧道长度增加列车在隧道内交会产生的气动荷载迅速上升,当隧道长度达到 706 m 时,气动荷载达到最大值,这一隧道长度称为最不利隧道长度,此后随长度的增加,气动荷载迅速减小,当隧道长度增至 3 000 m 以后,会车气动荷载随隧道长度的变化趋缓。

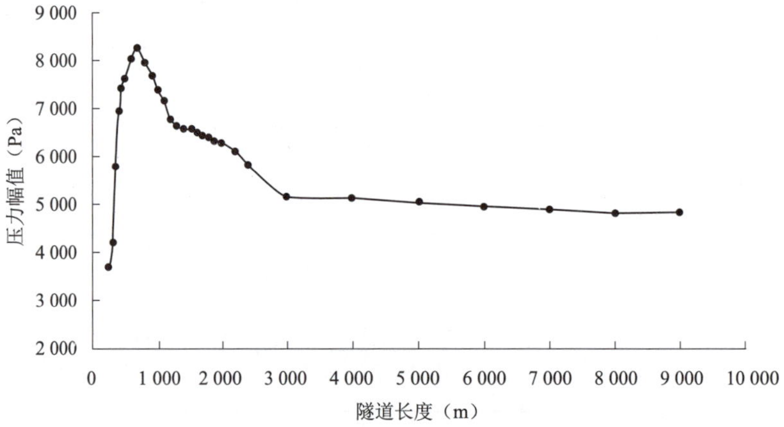

图 4—5 隧道内列车交会压力变化幅值随隧道长度变化曲线

(2)单列车通过隧道,线间距对车外空气压力变化影响

图 4—6 为 CRH380A 动车组以不同速度单列通过断面积为 81.37 m^2 隧道,4.4 m 线间距和 4.6 m 线间距条件时车体表面最大压力变化峰峰值数值模拟结果对比。由图可以看出,单列 CRH380A 动车组以不同速度单列通过 4.4 m 和 4.6 m 线间距、同一断面积隧道时,压力波差异为 0.2% ~0.9% ,说明线间距对其车体表面最大压力变化峰峰值基本没有影响。

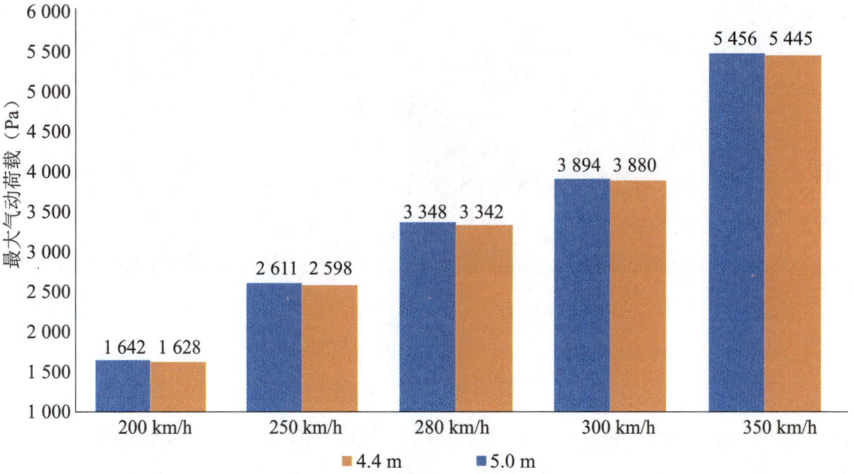

图 4—6 单车过隧道不同线间距条件下,车体表面最大气动荷载对比

(3)两列车隧道内交会时,线间距对车外空气压力变化影响

图 4—7 为两列 CRH380A 动车组以不同速度在断面积为 81.37 m^2 隧道中部交会,4.4 m 线间距和 4.6 m 线间距条件下车体表面最大压力变化峰峰值数值模拟结果对比。

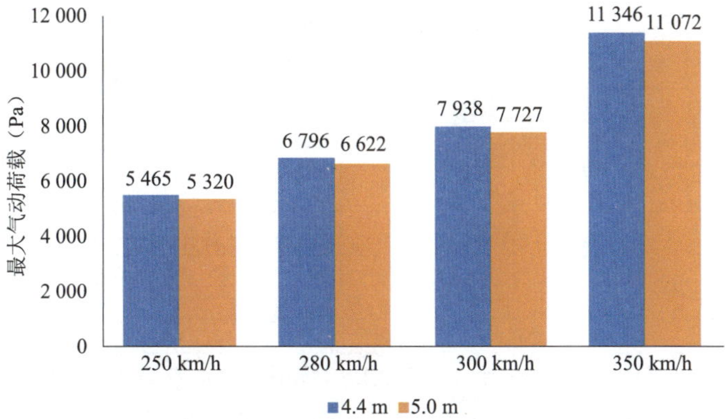

图 4—7 隧道中部交会不同线间距条件下车体表面最大气动荷载对比

由图 4—7 可以看出,两列 8 辆编组 CRH380A 动车组以不同速度在不同线间距、同一断面积隧道中部交会时,车体表面所承受气动荷载随着线间距的增加有减小的趋势,5 m 线间距时的车体表面气动荷载较 4.4 m 减小约 1.9% ~2.6% ,但总体影响不大。

4.4 线间距对列车动力学性能的影响

线间距主要影响列车交会时产生交会压力波的变化,在交会过程中列车单侧产生的交会压力波会对列车车体产生一个短时的横向力,继而影响列车运行时的动力学性能变化。动车组明线交会过程中,由于交会时交会侧与非交会侧空间的不对称、压力波的传递存在时间差等因素的影响,使得动车组同一编组车辆的两侧气动效应有所差异,瞬变气动荷载导致动车组受到主要为横向力、横向加速度、侧滚力矩等参数产生变化,从而影响动车组的动力学性能。

4.4.1 车体两侧压差与横向加速度

动车组明线交会过程中,动车组尾车车体横向加速度随时间变化的波形如图 4—8 所示。在明线交会过程中,尾车车体横向加速度在邻线动车组头部和尾部经过时均出现了明显的波动,且尾头相遇时的波动幅值更大。

由明线交会时动车组尾车车体横向加速度数据可知,交会时尾车一位端、二位端车体横向加速度的最大值均比交会前、交会后大,且尾车二位端车体加速度比一位端车体加速度更大。350/350 km/h 交会时,尾车一位端车体加速度最大值为 1.40 m/s^2,比交会前大 383% 、比交会后大 259% ;尾车二位端车体横向加速度最大值为 1.76 m/s^2,比交会前大 507% 、比交会后大 351% 。380/380 km/h 交会时,尾车一位端车体加速度最大值为 1.61 m/s^2,比交会前大 571% 、比交会后大 313% ;尾车二位端车体横向加速度最大值为 2.08 m/s^2,比交会前大 462% 、比交会后大 550% 。400/400 km/h 交会时,尾车一位端车体加速度最大值为 1.64 m/s^2,比交会前大 235% 、比交会后大 235% ;尾车二位端车体横向加速度最大值为 2.35 m/s^2,比交会前大

380% 、比交会后大 503% 。

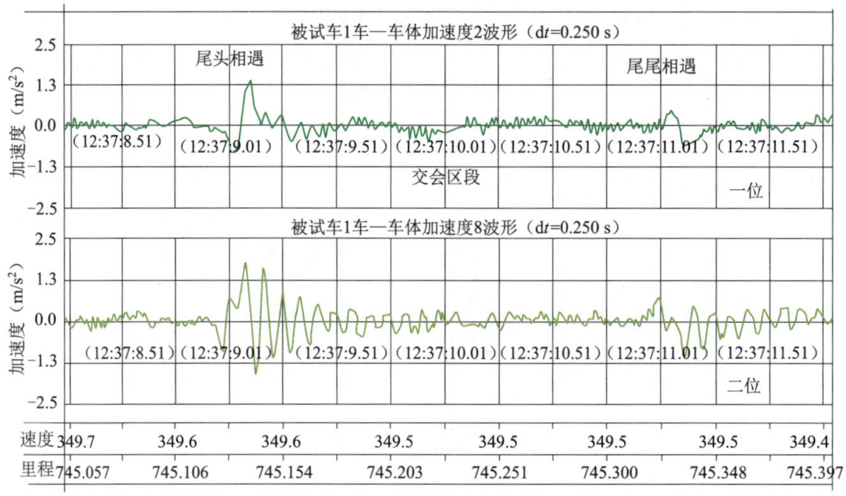

(a) 动车组 350/350 km/h 明线交会

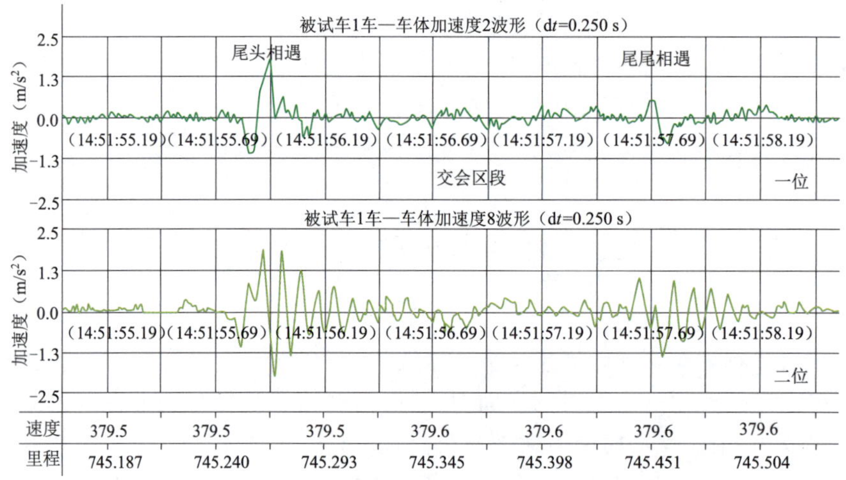

(b) 动车组 380/380 km/h 明线交会

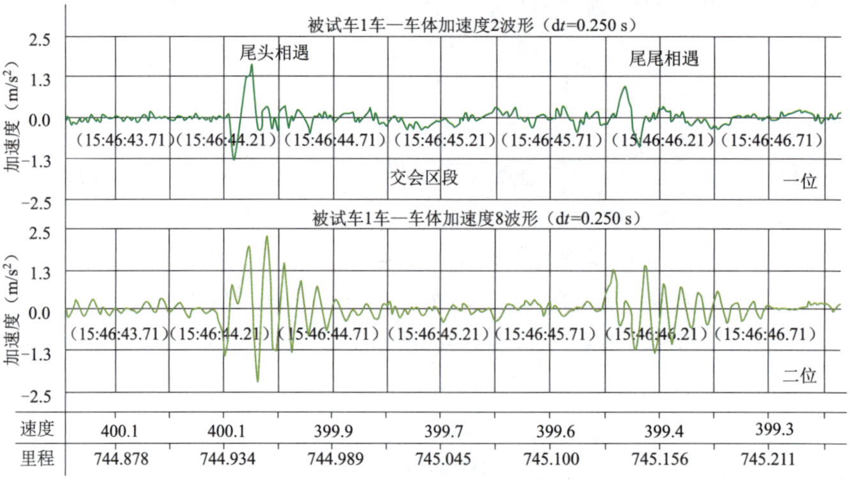

(c) 动车组 400/400 km/h 明线交会

图 4—8　以尾车明线交会过程中车体横向加速度随时间变化曲线

由上述数据可知，列车交会对车体的两侧压差影响交较大，继而产生的横向加速度与非交会工况明显增大，但是仍小于现有标准的要求的限值 2.5 m/s^2，说明交会满足列车动力学横向加速度要求。

4.4.2 轮轴横向力

动车组明线交会过程中，尾车轮轴横向力和车体横向加速度随时间变化的波形如图 4—9 所示。在明线交会过程中，尾车 1 轴轮轴横向力在邻线动车组头部和尾部经过时出现了明显的波动，且头部经过时轮轴横向力的波动幅值比尾部经过时更大。

(a) 动车组 350/350 km/h 明线交会

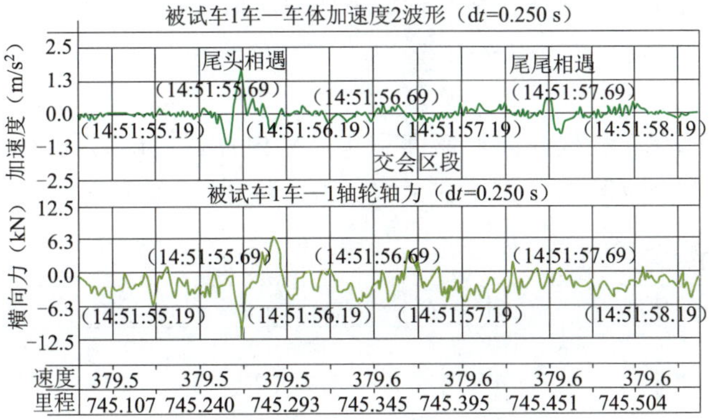

(b) 动车组 380/380 km/h 明线交会

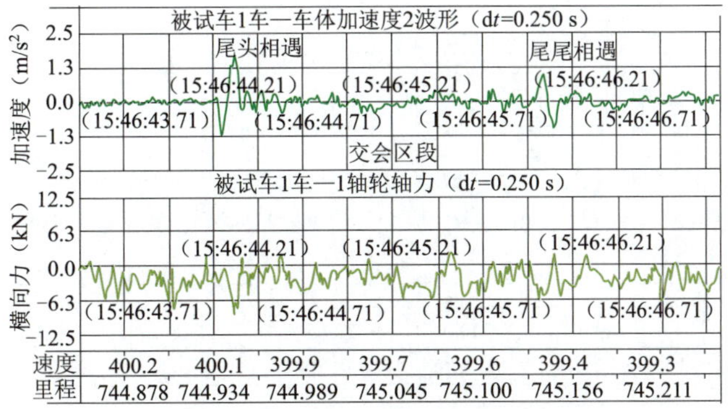

(c) 动车组 400/400 km/h 明线交会

图 4—9 尾车明线交会过程中车体横向加速度和轮轴横向力随时间变化曲线

动车明线交会过程中，动车组尾车1轴轮轴横向力数据见表4—12，交会时轮轴横向力的最大值和最小值均比交会前、交会后大。350/350 km/h交会时，轮轴横向力最大值为3.249 kN，比交会前大5%、比交会后大160%；轮轴横向力最小值为-8.731 kN，比交会前大64%、比交会后大28%。380/380 km/h交会时，轮轴横向力最大值为6.811 kN，比交会前大480%、比交会后大422%；轮轴横向力最小值为-12.250 kN，比交会前大93%、比交会后大108%。400/400 km/h交会时，轮轴横向力最大值为3.987 kN，比交会前大121%、比交会后大144%；轮轴横向力最小值为-9.532 kN，比交会前大12%、比交会后大32%。

表4—12　明线交会时尾车轮轴横向力数据

速度(km/h)	尾车1轴轮轴横向力(kN)					
	交会中		交会前		交会后	
	最大值	最小值	最大值	最小值	最大值	最小值
350/350	3.29	-8.73	3.13	-5.33	1.27	-6.80
380/380	6.81	-12.25	1.18	-6.35	1.31	-5.88
400/400	3.99	-9.53	1.80	-8.51	1.60	-7.23

由轮轴横向力数据可以看出，明线交会对动车组的轮轴横向力变化影响较大，交会时轮轴横向力显著增大，但远小于当前动力学对轮轴横向力限值±48～50 kN的要求。

4.4.3　构架横向加速度

明线交会过程中，尾车构架横向加速度和车体横向加速度随时间变化的波形如图4—10所示，尾车构架横向加速度数据见表4—13，380/380 km/h明线交会时，尾车构架横向加速度最大值为0.64 m/s^2。

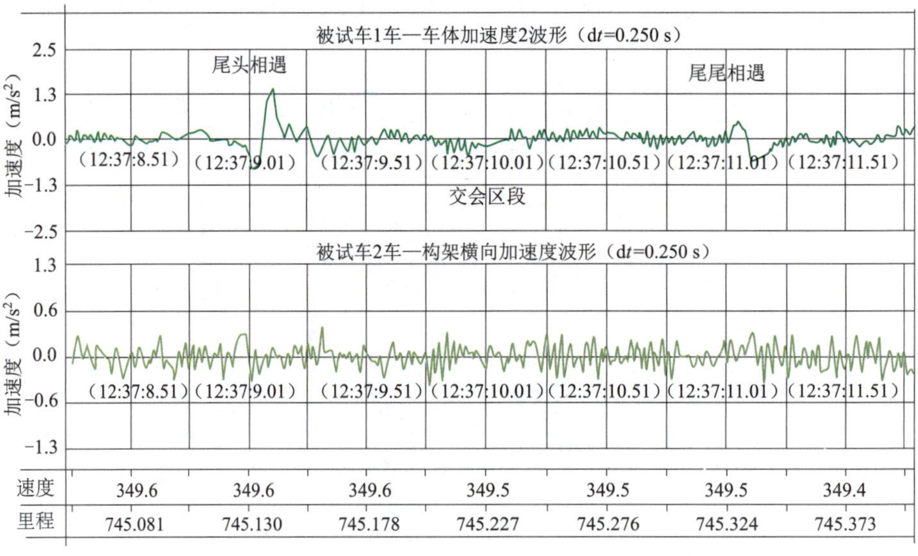

(a)350/350 km/h明线交会

图　4—10

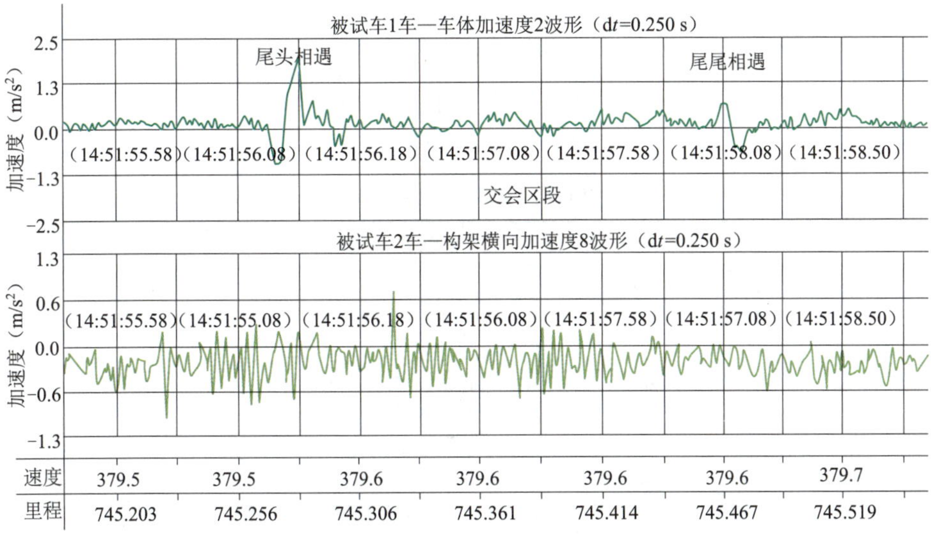

(b)380/380 km/h 明线交会

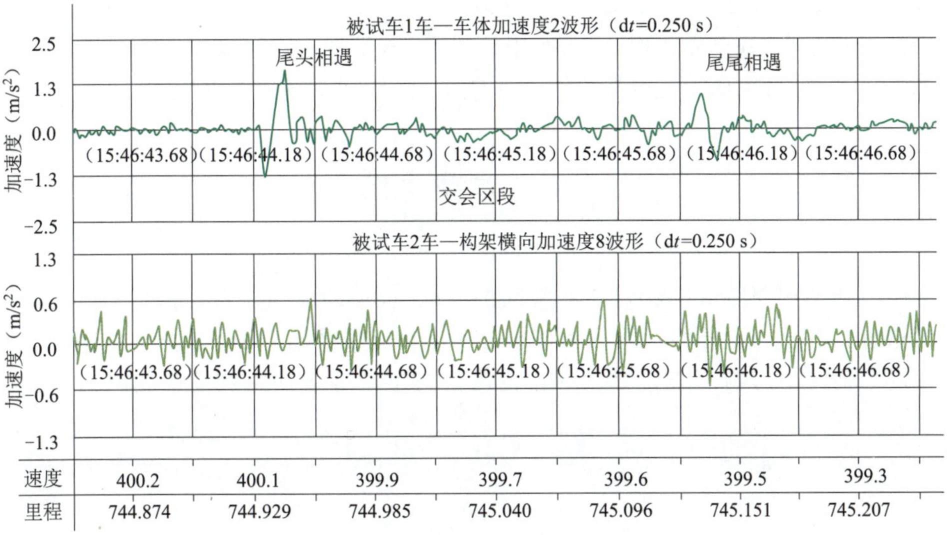

(c)400/400 km/h 明线交会

图 4—10 明线交会过程中车体横向加速度和构架横向加速度随时间变化曲线

表 4—13 明线交会时尾车构架横向加速度数据

速度(km/h)	构架横向加速度最大值(m/s^2)		
	交会中	交会前	交会后
350/350	0.40	0.33	0.33
380/380	0.64	0.93	0.66
400/400	0.62	0.37	0.46

在交会前后，尾车构架横向加速度并未出现明显的变化，可见交会对构架振动性能影响不大，且满足现有标准限值连续 6 次不大于 0.8 m/s^2，表明交会时构架横向加速度满足列车动力性能要求。

4.4.4 脱轨系数与轮重减载率

表 4—14 为动车组以不同速度在明线交会前、交会过程中及交会后脱轨系数和减载率数据。

表 4—14 动车组明线交会时脱轨系数和轮重减载率数据

参　数	车速(km/h)	交会中	交会前	交会后
脱轨系数最大值	350	0.02	0.02	0.02
	380	0.05	0.02	0.05
	400	0.02	0.03	0.02
减载率最大值	350	0.58	0.45	0.41
	380	0.50	0.55	0.68
	400	0.59	0.56	0.53

由表 4—14 数据可见,列车在交会工况和非交会工况下,脱轨系数和轮重减载率在明线交会过程中的变化较小,且总体数值交小,距限值较远,满足现有标准要求。与交会前后相比没有明显的变化趋势,可以认为交会压力波对脱轨系数和轮重减载率影响不大。

4.5 本章小结

线间距是指两相邻股道(线路)中心线间的距离,合理的线间距对于保证列车行车安全及降低工程造价具有十分重要的意义。本节结合实车试验及仿真计算,分析了线间距变化对列车表面气动力变化的影响,分析结果表明,我国目前不同等级铁路线间距均具有一定的优化空间。

5

隧道净空断面突变对气动效应的影响

由于增设缓冲结构、横通道或竖井等，隧道内有开口或隔墙，病害防治增设衬套等会造成隧道净空截面突变，流体从断面积大的通道流向断面积小的通道，此时流线要发生弯曲，流束截面收缩。在大断面与小断面过渡连接的凸肩处，常伴随涡旋形成，涡旋运动不断消耗能量，引起局部损失。

隧道内截面突变的存在对于压力波来说，增加了波产生反射和折射的“端口”，压力波在截面突变的隧道内与等截面隧道内压力波的传播相比，压力波不仅在隧道进口、出口 2 个“端口”和列车车头、车尾 2 个“端口”发生反射与折射，而且在隧道内截面积突变之处也发生反射与折射。截面突变处的反射与折射会使得压力波波动比等截面隧道内的压力波更加复杂。

5.1 隧道内套衬设置对气动效应的影响

隧道内增加套衬减小了隧道有效净空面积，进而影响高速动车组通过隧道和在隧道内交会时的空气动力学效应，使隧道内瞬变压力、列车风、附属设施气动力、洞口微气压波及列车内外气动压力发生变化，进而对列车运行平稳性、弓网受流性能、旅客乘坐舒适性产生影响。本节通过对某高铁隧道套衬前后气动效应场现场测试数据及仿真计算，分析套衬设置对气动效应影响。本节涉及的隧道相关参数见表 5—1。

表 5—1 本节涉及隧道相关参数

隧道名称	长度(m)	净空面积(m^2)	备　注
1 号隧道	1 907	100	隧道内设置套衬
2 号隧道	1 950	100	无套衬
3 号隧道	1 915	100	无套衬
4 号隧道	2 812	100	无套衬

5.1.1 1 号隧道概况

某高铁隧道(1 号隧道)出现拱顶脱落掉块，现场进行应急处理，限速 160 km/h，并在缺陷位置长度为 89.10 m 段落处采取占用技术作业空间增设钢筋混凝土套拱的形式，对原缺陷结构进行加强，套拱设于隧道既有内轮廓内缘，厚度 30 cm。增设套拱段两端采用渐变方式过渡与未设套拱段连接，渐变结构采用的尺寸根据结构内格栅钢架尺寸决定。改造后隧道有效净空断面由原来的 100.01 m^2 变为 92.87 m^2，列车运营速度采取了限速措施，限速 250 km/h。

1 号隧道套衬施工详图如图 5—1 所示，套衬过渡段如图 5—2 所示。

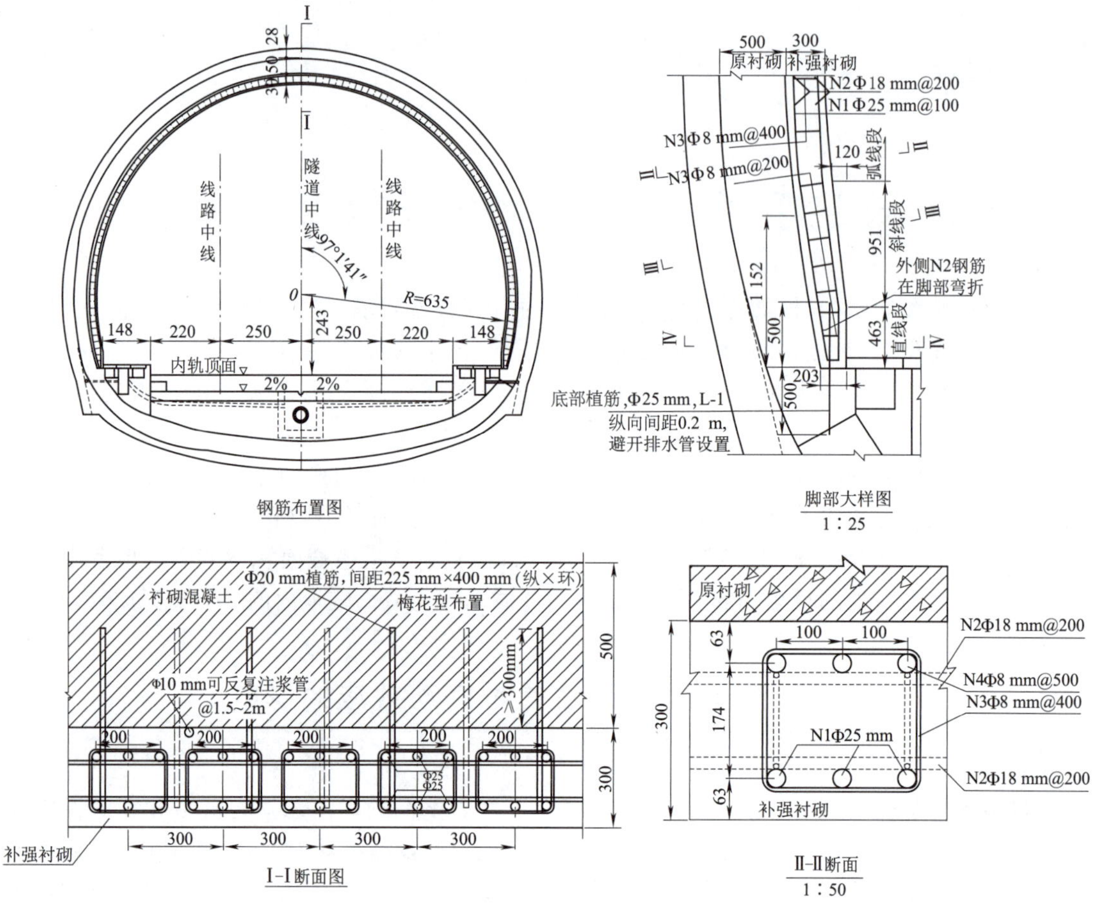

图 5—1　隧道套衬施工详图(单位:cm)

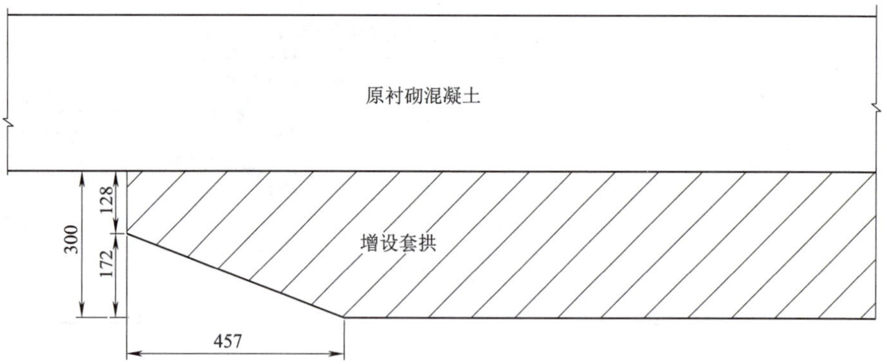

图 5—2　隧道套衬过渡段示意(单位:cm)

5.1.2　套衬设置对车体表面气动力的影响

1. 隧道通过试验

CRH380A-001 动车组以不同速度通过 1 号隧道时车外压力变化最大值、车内压力变化 1 s 最大值、车内压力变化 3 s 最大值及车内外压差与速度的关系如图 5—3 所示。

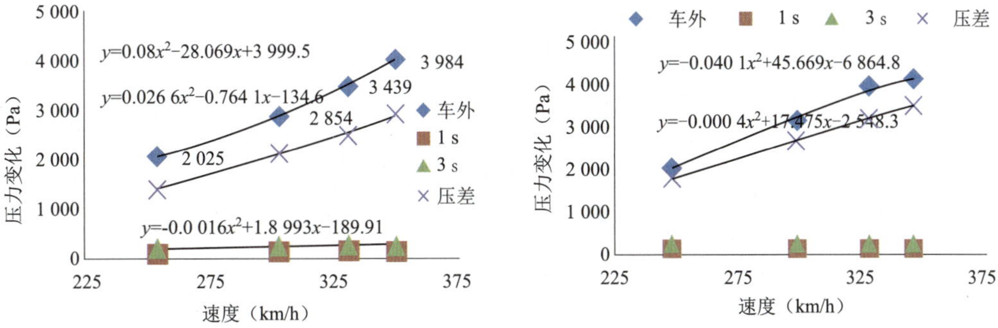

(a)头车 (b)尾车

图 5—3 CRH380A-001 动车组通过 1 号隧道时车内外压力变化与车速关系曲线

CRH380A-001 动车组以速度 350 km/h 通过 1 号隧道时车外压力变化最大值、车内压力变化 1 s 最大值、车内压力变化 3 s 最大值及车内外压差均随速度的提高而增大。头车车外压力变化最大值为 4 119 Pa，车内压力变化 1 s 最大值为 164 Pa，车内压力变化 3 s 最大值为 333 Pa，车内外压差最大值为 3 468 Pa；尾车车外压力变化最大值为 4 468 Pa，车内压力变化 1 s 最大值为 176 Pa，车内压力变化 3 s 最大值为 335 Pa，车内外压差最大值为 3 600 Pa，均满足舒适性和车体强度相关标准。

1 号、3 号隧道长度相近，1 号隧道内设置有 89.1 m 套衬，CRH380A-001 动车组通过 1 号、3 号隧道时车体表面压力变化曲线如图 5—4 所示。

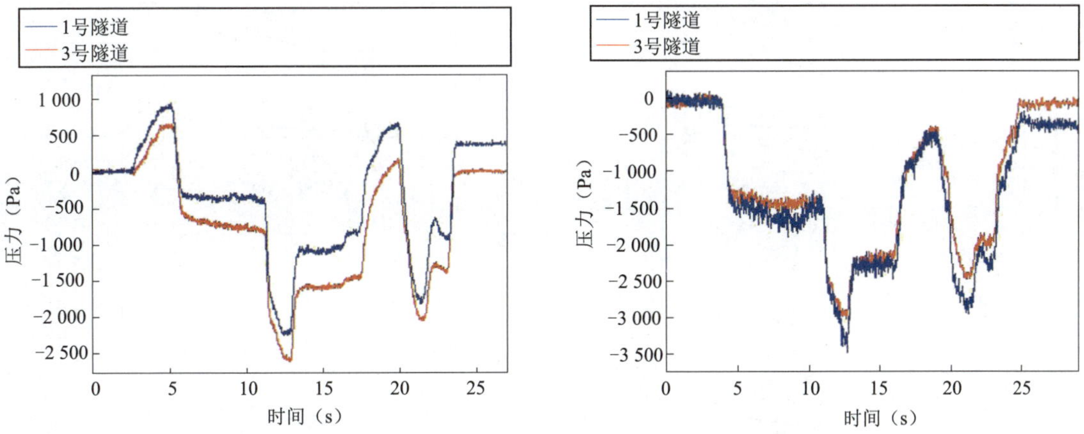

(a)头车 (b)尾车

图 5—4 CRH380A-001 动车组通过 1 号、3 号隧道时车体表面压力变化曲线

由图 5—4 可知，无论测点在头车还是在尾车，相同位置测点的波形变化一致，1 号隧道气动压力变化稍大。

图 5—5 为 1 号、2 号、3 号隧道车外压力变化最大值对比图。

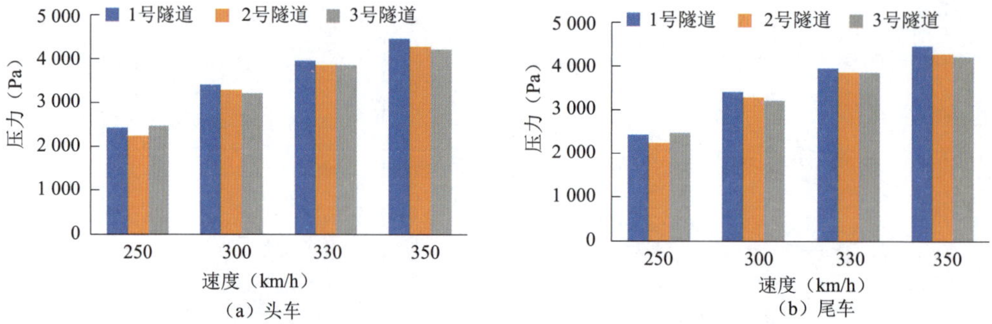

图 5—5　三个相近长度隧道动车组隧道通过试验 CRH380A-001 头车压力变化对比

由图 5—5 可知，CRH380A-001 动车组通过 1 隧道产生的压力波最大，大小顺序依次为 1 号隧道、2 号隧道、3 号隧道。头车差值比普遍较尾车大，头车最大相差 18.5%，尾车最大相差 7.5%，测试结果表明，设置套衬增大了车体表面气动压力。

2. 交会试验

图 5—6 为 CRH380A-001 与 CRH380AL 在隧道内交会时车外压力变化最大值、车内压力变化 1 s 最大值、车内压力变化 3 s 最大值及车内外压差与速度的关系曲线。由图可知：车外压力变化最大值、车内压力变化 1 s 最大值、车内压力变化 3 s 最大值及车内外压差均随速度的提高而增大，具体关系式见图中公式。

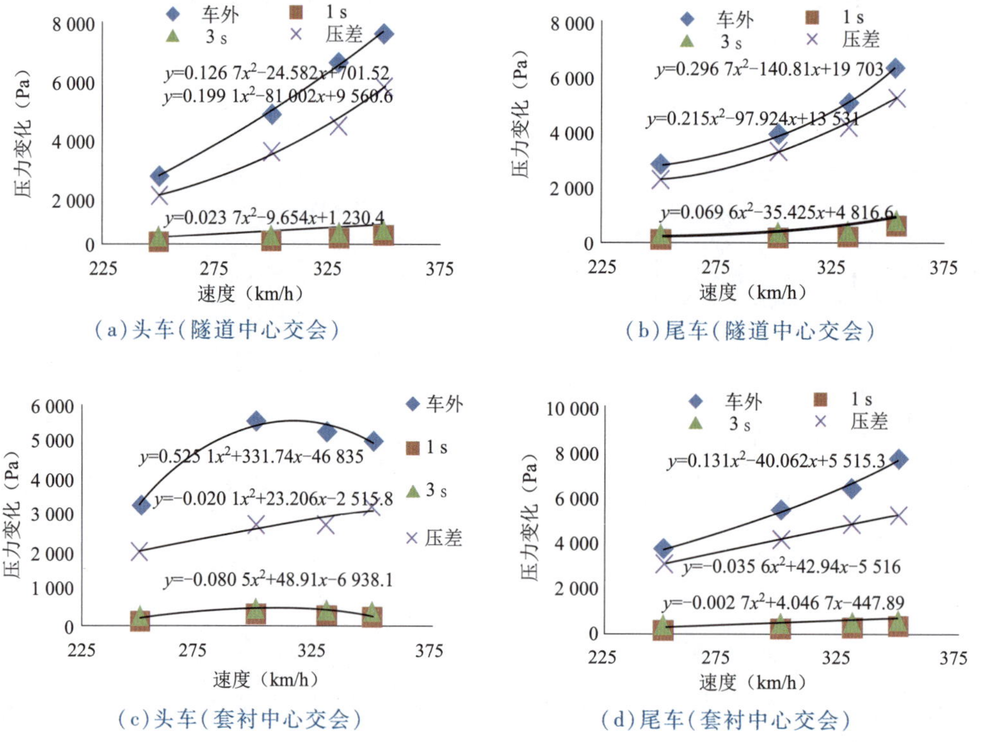

图 5—6　动车组衬套中心交会试验 CRH380A-001 尾车压力变化与速度关系

图 5—7 为隧道通过与交会列车空气动力学试验数据对比，试验结果表明，CRH380A 型动车组隧道交会各项指标平均是隧道通过的 1.80 ~ 2.29。

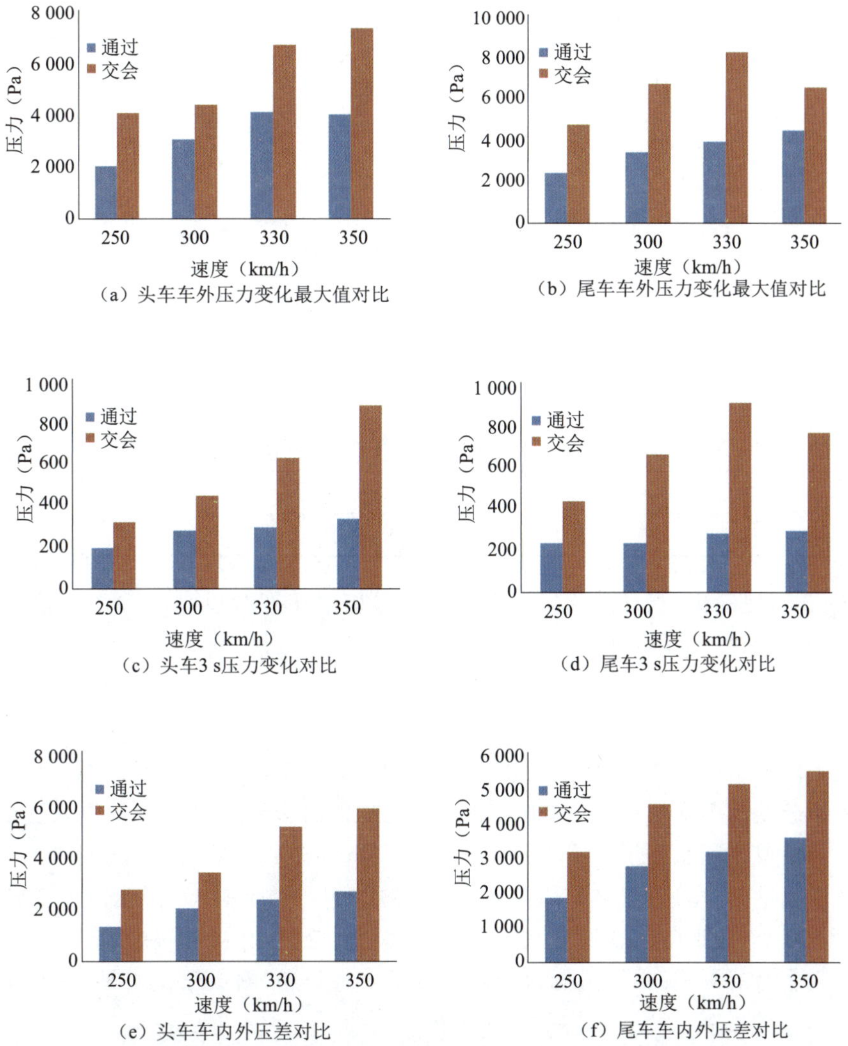

（a）头车车外压力变化最大值对比　（b）尾车车外压力变化最大值对比

（c）头车3 s压力变化对比　（d）尾车3 s压力变化对比

（e）头车车内外压差对比　（f）尾车车内外压差对比

图 5—7　CRH380A-001 动车组隧道通过与交会时试验结果对比

隧道交会气动效应影响因素众多，除了影响气动效应的常规因素，如动车组头型、车体断面形状、编组长度、运行速度和隧道有效净空面积、线间距外，还有动车组运行速度的波动、隧道断面形状、隧道坡度、线路曲线半径、隧道壁面粗糙度及辅助结构物形式（隧道口缓冲结构、通风通道、隔墙、道床类型）等，只要其中一个因素稍有变化，如两列动车组进入隧道时差或隧道长度，压力波的叠加可能就完全不同，因此，本次试验结果并不能代表所有隧道中部与衬套中心交会的普遍规律，只是在隧道长度 1 907 m、交会动车组长度分别为 400 m 与 400 m 或 200 m 与400 m 等特定条件下的结果。

5.1.3　套衬设置对隧道内瞬变压力影响

1. 理论分析

日本的研究人员对微气压波进行了理论分析，并结合经验得出了压缩波的计算公式，列车进洞时产生的压缩波波形见式（5—1）。

$$P = \frac{1}{2}\rho_0 v^2 \frac{1-(1-R)^2}{[(1-Ma)Ma+(1-R)^2]}\left(\frac{1}{2}+\frac{1}{\pi}\arctan\frac{vt}{0.3d}\right) \tag{5—1}$$

根据式(5—1)可知,列车进洞时产生的压缩波最大值为

$$P = \frac{1}{2}\rho_0 v^2 \frac{1-(1-R)^2}{[(1-Ma)Ma+(1-R)^2]} \tag{5—2}$$

式中 ρ_0 ——空气标准密度;

v——列车进洞速度;

R ——阻塞比;

Ma——马赫数。

1 号隧道内加套衬后,套衬处净空面积变为 92 m^2,考虑最不利状况,假定隧道全长范围内净空面积变为 92 m^2,根据式(5—2),可获得截面变小后隧道内压缩波值与变截面前压力波最大值比值,见表 5—2。

表 5—2 列车以相同速度通过截面 100 m^2 与 92 m^2 时隧道内压缩波最大值对比

比值	250 km/h	300 km/h	330 km/h	350 km/h
P_{100}/P_{92}	0.909	0.909	0.910	0.910

由表 5—2 可以看出,当动车组以相同速度通过相同长度隧道时,隧道内压缩波最大值净空面积 100 m^2 约为 92 m^2 隧道的 91% 。

2. 实测分析

(1)测点布置

列车进入隧道引起的压力变化是两部分的叠加:①列车移动时从挤压、排开空气到留下真空整个过程引起的压力变化;②列车车头进入隧道产生的压缩波以及车尾进入隧道产生的膨胀波在隧道两洞口之间来回反射产生的压力变化(Mach 波)。列车进入隧道时产生的瞬变压力大小受隧道长度、列车速度、隧道阻塞比、列车交会等因素的影响。隧道内加套衬后,由于套衬处净空面积减小,隧道阻塞比相应减小,因此,理论上分析,套衬位置处瞬变压力峰值会相应增大。为研究套衬的影响,在隧道套衬前后布置了大量测点,测点布置如图 5—8 所示。

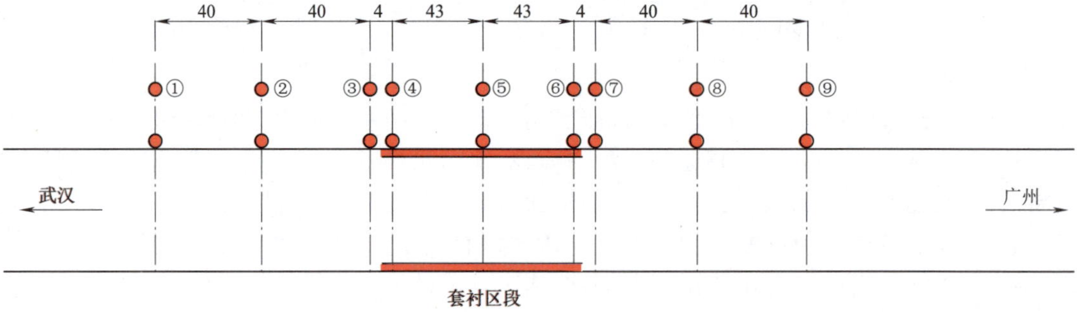

图 5—8 隧道内瞬变压力测点布置

(2)瞬变压力与车速关系

动车组通过 1 号隧道时隧道内瞬变压力时程曲线如图 5—9 所示。

由图 5—9 可知,CRH380A-001 动车组高速通过 1 号隧道时,套衬前后瞬变压力均与车速的平方成正比,试验结果与无套衬隧道基本一致。

(3)套衬前后瞬变压力变化

图 5—10 为 CRH380A-001 动车组以 350 km/h 速度通过隧道时隧道内不同测点处瞬变压力时程曲线。

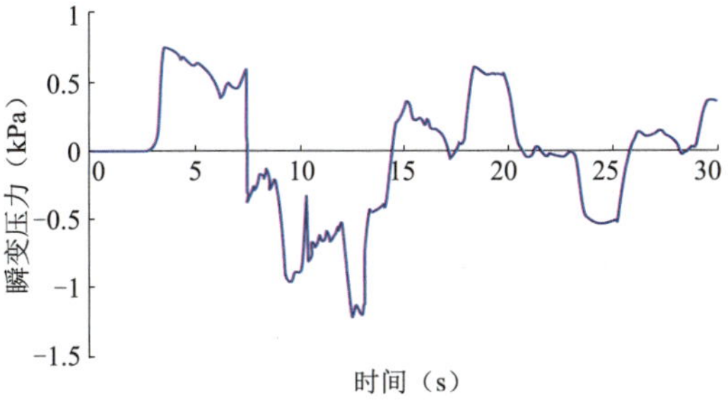

（a）瞬变压力时程曲线

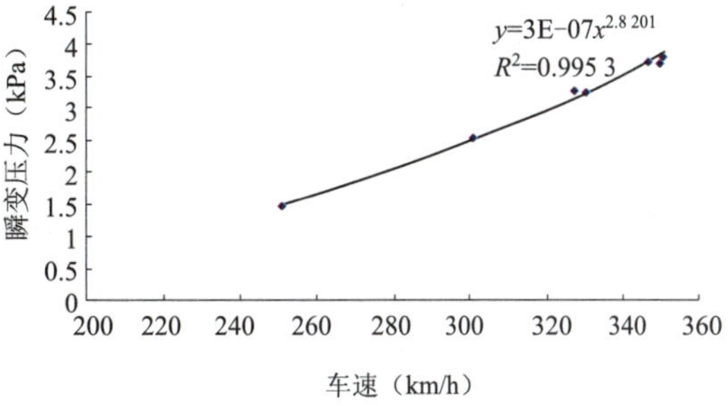

（b）套衬前80 m处瞬变压力与车速关系曲线

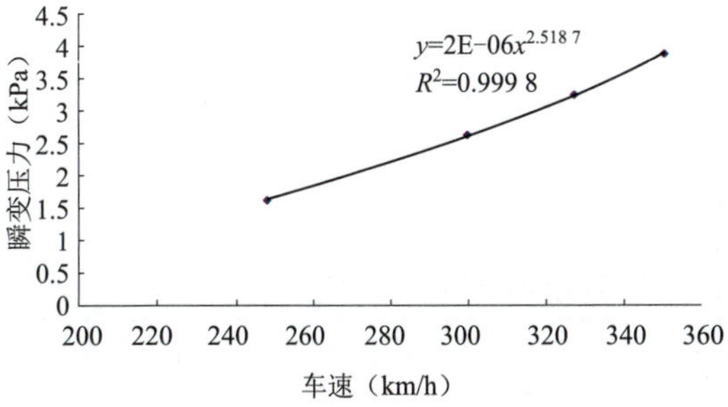

（c）套衬中瞬变压力与车速关系曲线

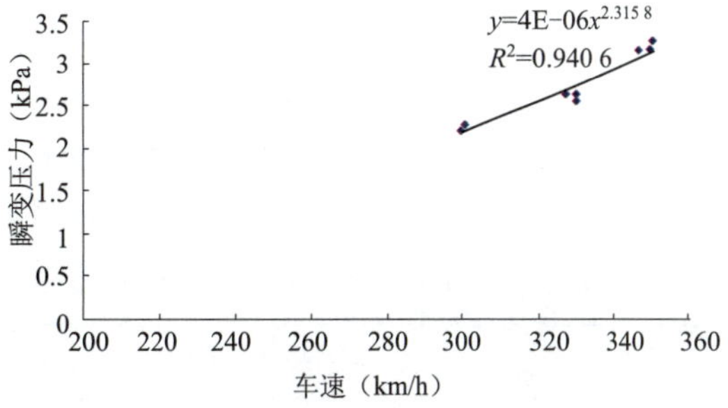

（d）套衬后瞬变压力与车速关系曲线

图 5—9 CRH380A-001 动车组通过时套衬前后瞬变压力与车速关系曲线

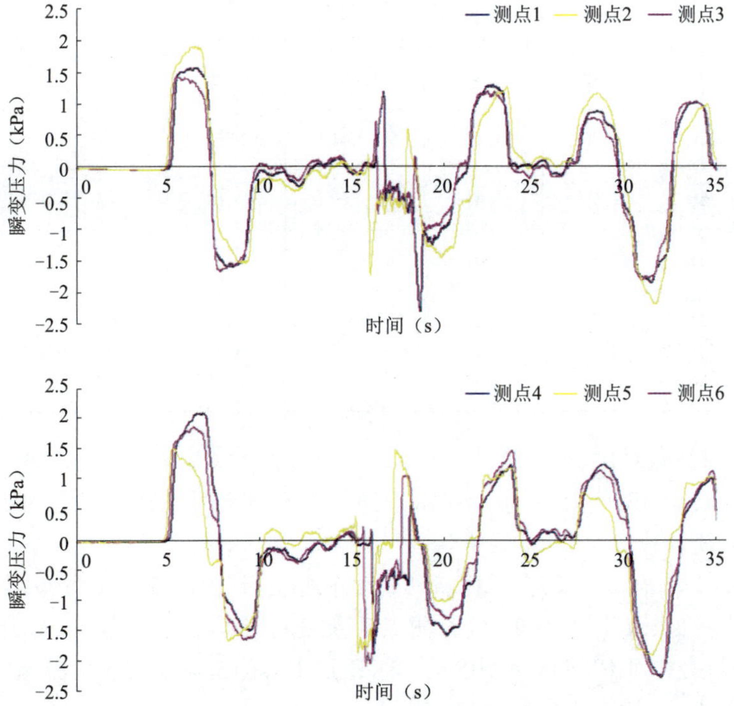

图 5—10

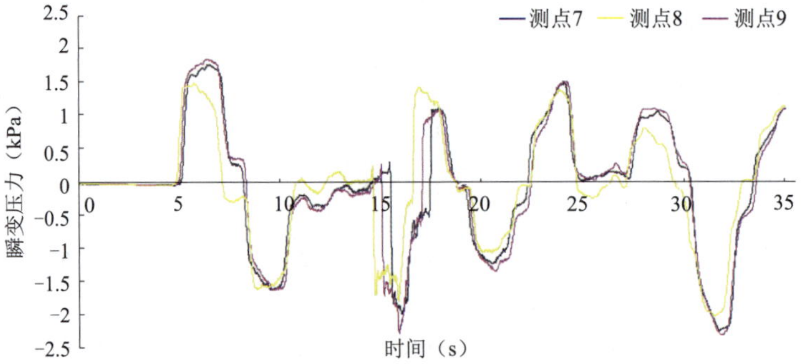

图 5—10　CRH380A-001 动车组以 350 km/h 的速度通过 1 号隧道时不同测点时程曲线

由表 5—3 可知，CRH380A-001 动车组以 350 km/h 的速度通过 1 号隧道时，套衬处瞬变压力最小值、最大值、峰峰值及波前峰值较测点 1 分别增大了 －1%、32%、12%、9.1%，较测点 3 分别增大了 －9%、18%、27%、4.5%。波前峰值套衬前较套衬后平均增加约 8.4%。

表 5—3　CRH380A-001 动车组以 350 km/h 的速度通过 1 号隧道时测点瞬变变化情况

测点		瞬变压力(kPa)				较测点 1 增大百分比(%)			
		最小值	最大值	峰峰值	波前峰值	最小值	最大值	峰峰值	波前峰值
套衬前	1	－2.27	1.61	3.88	1.523	—	—	—	—
	2	－1.78	1.45	3.23	1.448	－22	－10	－17	－4.92
	3	－2.15	1.94	4.09	1.592	－5	21	6	4.53
套衬处	4	－2.24	2.12	4.36	1.637	－1	32	12	7.49
	5	－2.20	1.90	4.10	1.661	－3	18	6	9.06
	6	－1.86	1.55	3.41	1.519	－18	－4	－12	－0.26
套衬后	7	－2.22	1.79	4.01	—	－2	11	3	—
	8	－2.27	1.89	4.16	—	0	17	7	—
	9	－2.00	1.50	3.50	—	－12	－7	－10	—

(4)与无套衬数据对比

图 5—11 为某线 CRH2-150C 动车组以不同速度通过 4 号隧道时隧道内不同测点瞬变压力峰峰值变化曲线。

CRH380A-001 动车组车长与 CRH2-150C 动车组相当，由图 5—11 可知，洞口 300 m 至隧道内 1 000 m 处瞬变压力基本不变，试验测点 1 及套衬处均位于该范围内，因此，利用测点 1 作为参考点，分析套衬对 CRH380A-001 动车组通过 1 号隧道时瞬变压力影响是合理的。测点 4 瞬变压力值较测点 1 增大比率见表 5—4。

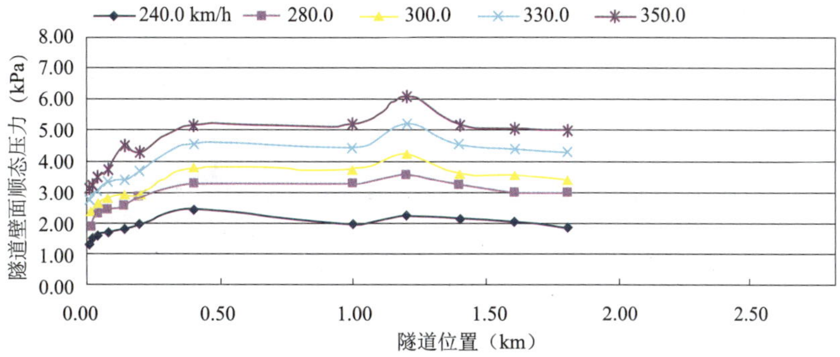

图 5—11 CRH2-150C 动车组通过 4 号隧道内不同测点瞬变压力峰峰值变化曲线

表 5—4 测点 4 瞬变压力测试值较测点 1 增大比率(%)

速度(km/h)	瞬变压力	武汉—广州	广州—武汉
		测点 4 较测点 1	测点 4 较测点 1
250	最小值	8	51
	最大值	29	-5
	峰峰值	18	22
300	最小值	2	18
	最大值	24	25
	峰峰值	12	21
330	最小值	11	-22
	最大值	32	38
	峰峰值	20	-3
350	最小值	6	-1
	最大值	26	32
	峰峰值	15	12

由表 5—4 可知，CRH380A-001 动车组通过 1 号隧道有套衬段与无套衬段时隧道壁面瞬变压力峰峰值增加约为 12% ~22% 。

5.1.4 套衬对微气压波试验影响

1. 微气压波与车速关系

CRH380A-001 动车组以 330 km/h 的速度通过 1 号隧道时，洞口微气压波时程曲线如图 5—12所示，洞口微气压波与车速关系曲线，如图 5—13 所示。

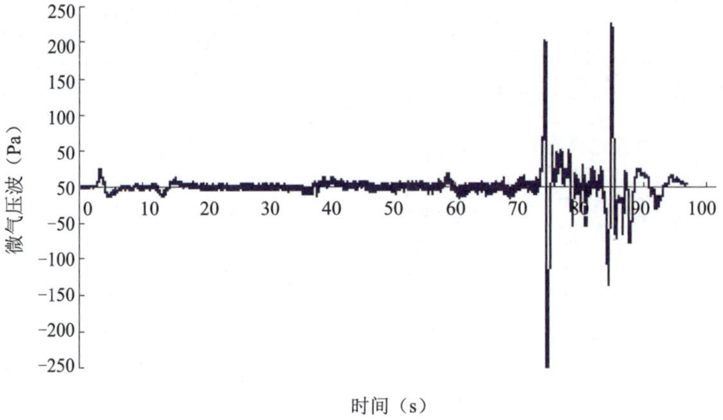

图 5—12　CRH380A-001 动车组通过 1 号隧道时微气压波时程曲线

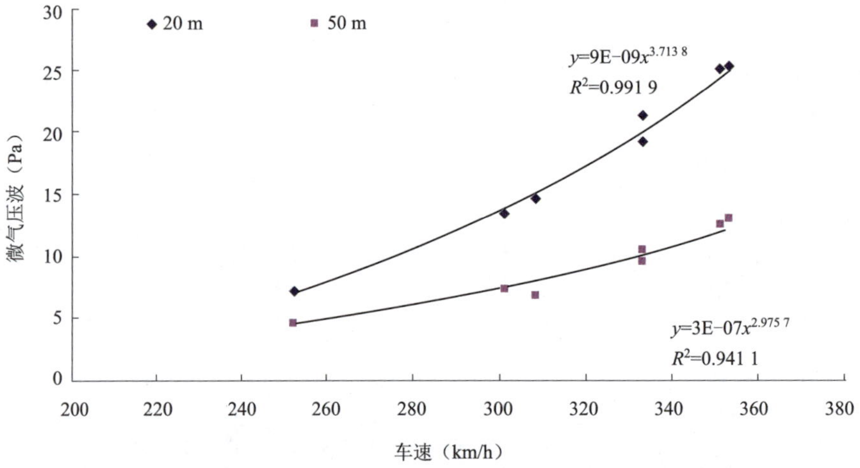

图 5—13　CRH380A-001 动车组通过 1 号隧道时洞口微气压波与车速关系曲线

测试结果表明，当 CRH380A-001 动车组高速通过隧道时，洞口微气压波基本与车速的 3 次方成正比。

2. 套衬对洞口微气压波影响分析

隧道洞口的微气压波理论计算一般采用山本（A. Yamamoto）公式。

$$P_{r,\max} = \frac{2A_t}{\Omega rC}\left(\frac{\mathrm{d}p}{\mathrm{d}t}\right)_{EX,\max} \tag{5—3}$$

式中　r——距隧道洞口距离；

C——标准声速；

Ω——从洞口向外看时的空间立体角；

A_t——隧道净空面积。

因此，可以通过分析列车通过隧道时波前梯度分析套衬对洞口微气压波的影响。

CRH380A-001 动车组以速度 350 km/h 自武汉至广州高速通过 1 号隧道时，压缩波首波时程曲线如图 5—14 所示。

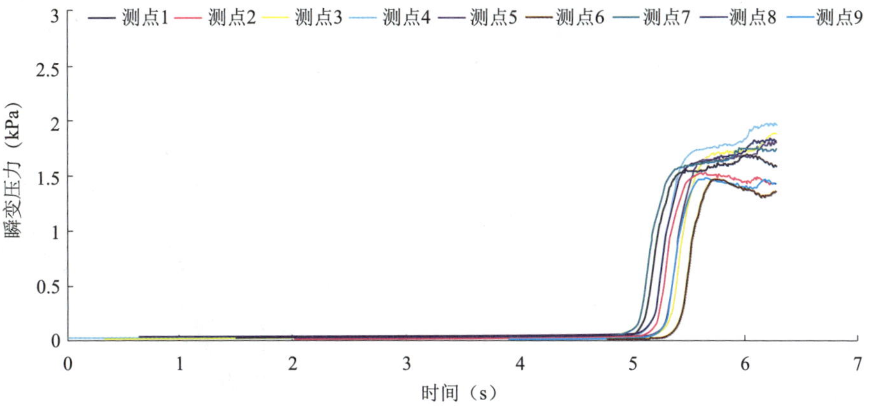

图 5—14　CRH380A-001 动车组以速度 350 km/h 通过 1 号隧道时压缩波首波曲线

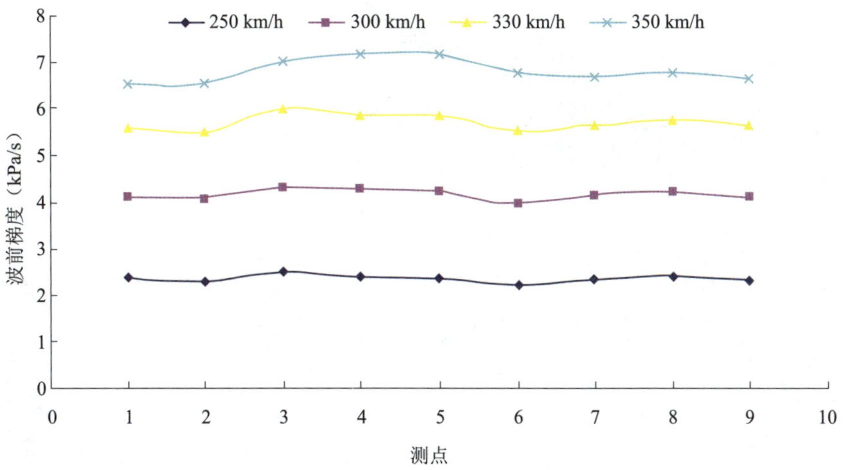

图 5—15　CRH380A-001 动车组通过 1 号隧道时不同测点波前梯度与测点关系曲线

测试结果表明，CRH380A-001 动车组分别以速度 250 km/h、300 km/h、330 km/h、350 km/h 通过 1 号隧道时，压缩波在套衬前传播时，波前梯度逐步增加，至套衬中点时，波前梯度达到最大，此后波前梯度逐渐减小，套衬后测点 1 较套衬前测点 9 波前梯度数值增大了 1.4% ~ 3.29%，套衬前后波前梯度数值基本相当。综上分析表明，套衬对波前梯度影响较小。

5.2　仿真分析

5.2.1　隧道套衬对隧道空气动力学效应影响

1. 动车组通过隧道时的空气动力学效应

图 5—16、图 5—17 分别为动车组通过隧道时，隧道壁面、套衬壁面的压力云图。

由图 5—16 ~ 图 5—17 可知，动车组通过 1 号隧道时，套衬段隧道壁面所受的压力大于正常隧道截面处所受的压力，动车组头车位于套衬位置处时，车头所受的正压力大于动车组头车位于正常隧道截面处时所受的正压力,尾车所受的负压力小于位于正常隧道截面处时所受的负压力。

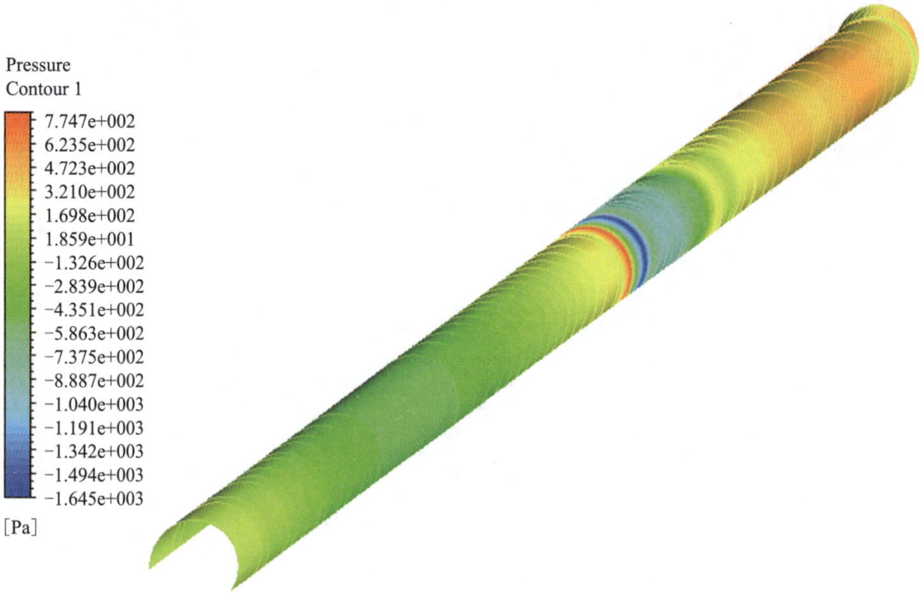

图 5—16　隧道壁面的压力云图

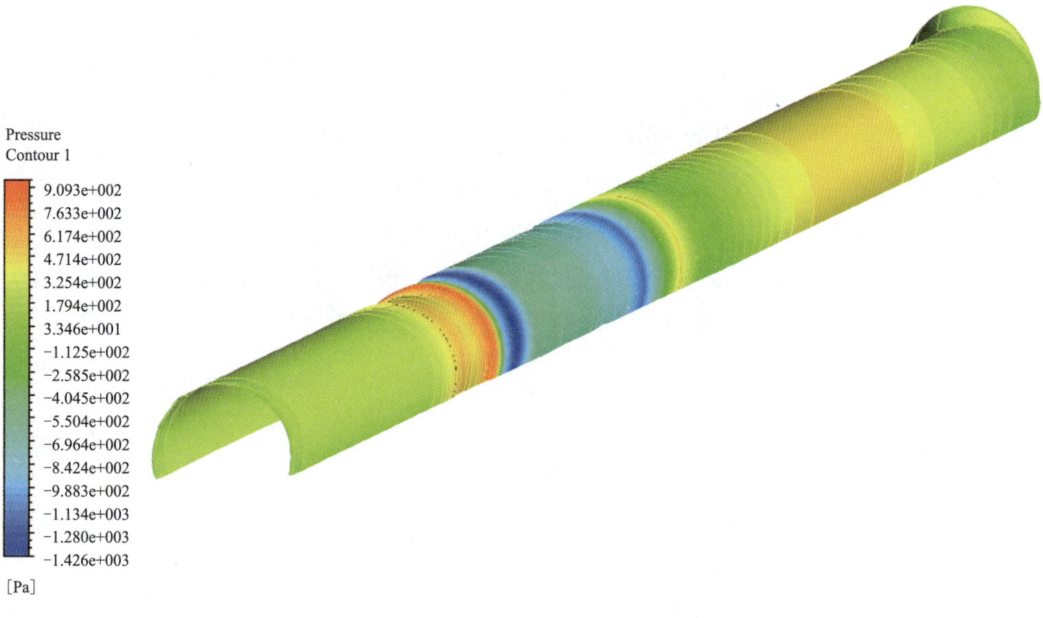

图 5—17　套衬壁面的压力云图

(1)套衬对车体表面气动力影响

图 5—18 为 8 车编组 CRH2C 动车组以 300 km/h 的速度通过有、无套衬 1 号隧道时,车体表面测点压力变化曲线。

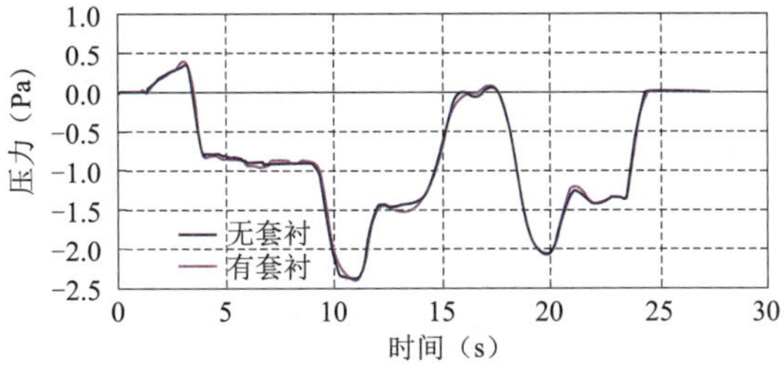

图 5—18　CRH2C 以 300 km/h 的速度通过有、无套衬隧道时，车体表面测点压力变化曲线

表 5—5 为动车组以 300 km/h 的速度通过有、无套衬 1 号隧道时，车体表面压力变化峰峰值。

表 5—5　CRH2C 动车组以 300 km/h 的速度通过有、无套衬 1 号隧道时车体表面压力变化结果

项　　目	套　　衬	压力变化峰峰值(Pa)	增　　幅
正峰值	有	5 466	0.42%
	无	5 443	—
	有	555	3.16%
	无	538	—
负峰值	有	-3 018	1.45%
	无	-2 975	—
峰峰值	有	2 968	0.64%
	无	2 949	—
	有	2 839	0.89%
	无	2 814	—

从上述结果可以看出，动车组以 300 km/h 的速度通过有、无套衬 1 号隧道时，车体表面最大正峰值和压力变化峰峰值出现在鼻尖 che1_1，最大负峰值均出现在尾车。有套衬情况下车体表面压力变化峰峰值比无套衬情况增加 0.89% 。

(2)套衬对隧道壁面气动力影响

图 5—19、图 5—20 分别为 CRH2C 动车组以 300 km/h 的速度通过有、无套衬隧道时，距隧道入口1 492 m 隧道壁面压力变化曲线和隧道壁面瞬变压力变化峰峰值沿隧道长方向的变化规律。

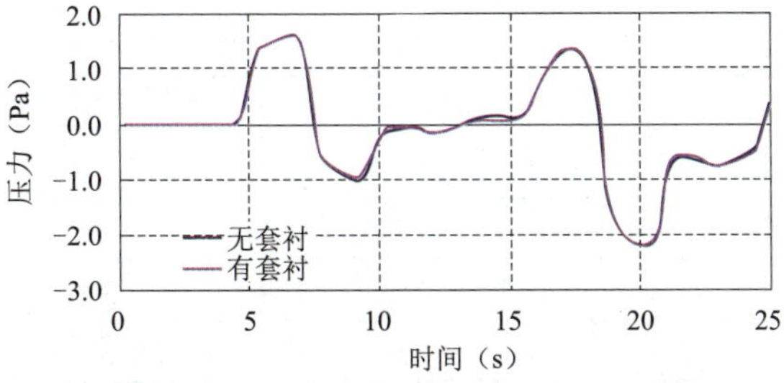

图 5—19　CRH2C 动车组以 300 km/h 的速度通过
隧道时距入口 1 492 m 隧道壁面监测点压力变化曲线

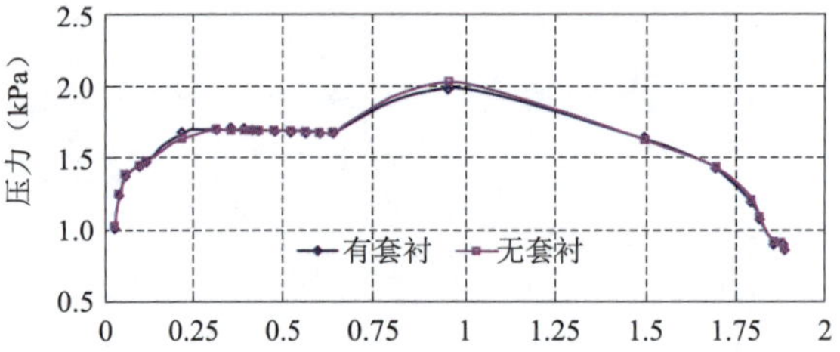

（a）正峰值

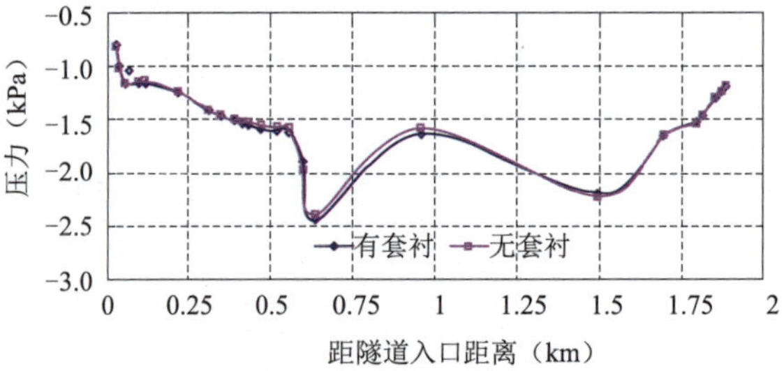

（b）负峰值

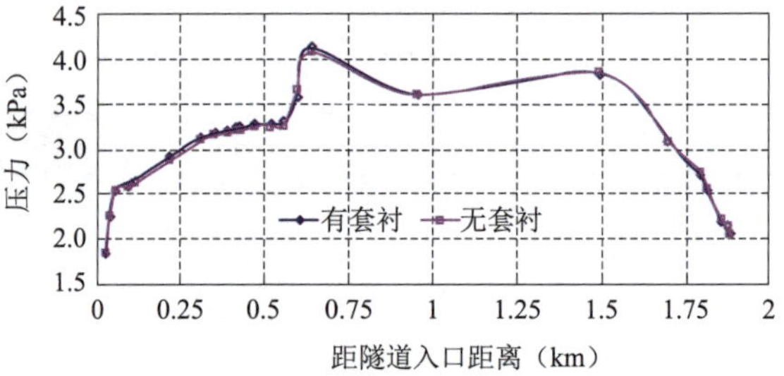

（c）峰峰值

图 5—20 CRH2C 动车组以 300 km/h 的速度通过隧道时隧道壁面不同监测点压力变化

表 5—6 为 8 车编组 CRH2C 动车组以 300 km/h 的速度通过有、无套衬 1 号隧道时，隧道壁面瞬变压力峰峰值。

表 5—6 CRH2C 动车组以 300 km/h 的速度通过有、无隧道时隧道壁面瞬变压力峰峰值

项 目	套 衬	瞬变压力变化峰峰值(Pa)	增 幅	对应监测点（距隧道入口）
正峰值	有	1 970	-2.49%	953 m
	无	2 019	—	
负峰值	有	-2 614	1.83%	640 m
	无	-2 567	—	
峰峰值	有	4 281	1.09%	640 m
	无	4 235	—	

仿真分析结果表明，单列动车通过有套衬隧道时，隧道壁面瞬变压力峰峰值较无套衬时增加 1.09% 。

2. 动车组在隧道内交会时的空气动力学效应

(1)车体表面压力变化

图 5—21 为 CRH380A 动车组以 350 km/h 的速度在 1 号隧道 1/4 位置交会时,有、无套衬情况下车体表面测点压力变化曲线。

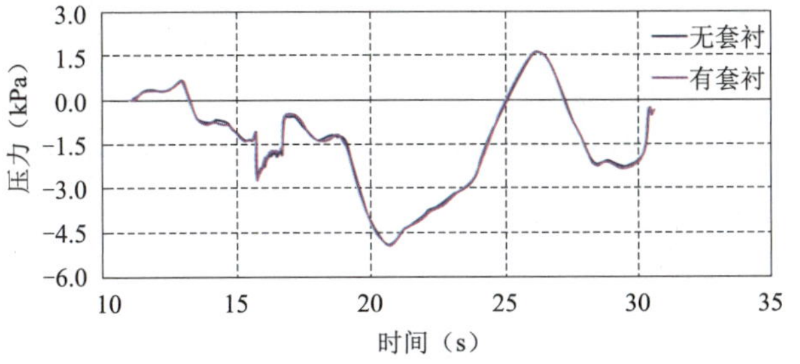

图 5—21 CRH380A 动车组在 1 号隧道 1/4 位置交会时车体表面测点压力变化曲线

图 5—22 为 CRH380A 动车组以 350 km/h 的速度在 1 号隧道 1/4 位置交会时,有、无套衬情况下车体表面不同监测点压力变化峰峰值。

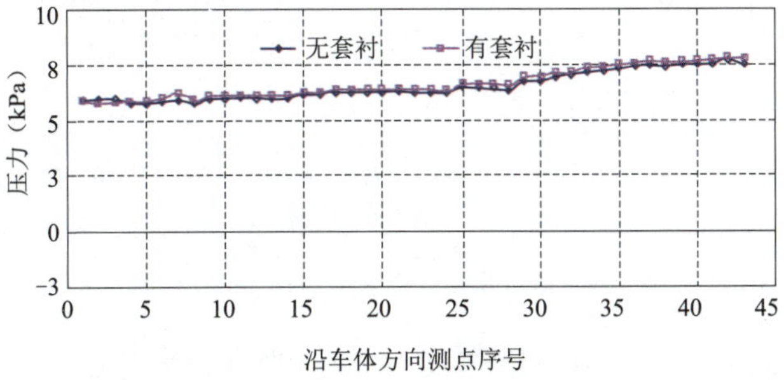

图 5—22 CRH380A 动车组以 350 km/h 的速度于 1 号隧道 1/4 位置交会时车体表面压力变化峰峰值

分析结果表明,CRH380A 动车组以 350 km/h 的速度在 1 号隧道 1/4 位置交会时,有、无套衬车体表面压力变化峰峰值沿车长方向分布规律基本相同,且车体表面各监测点压力变化峰峰值差异很小。

表 5—7 为 8 车编组 CRH380A 动车组以 350 km/h 的速度在 1 号隧道 1/4 位置交会时,有、无套衬情况下车体表面压力变化峰峰值结果。

表 5—7 CRH380A 动车组以 350 km/h 的速度在 1 号隧道 1/4 位置交会时车体表面压力变化结果

项目	套衬	压力变化峰峰值(Pa)	增幅
正峰值	无	8 948	—
	有	9 100	1.69%
	无	2 936	—
	有	3 012	2.57%
负峰值	无	-5 828	—
	有	-6 065	4.07%

续上表

项　　目	套　　衬	压力变化峰峰值(Pa)	增　　幅
峰峰值	无	7 553	—
	有	7 763	2.78%
	无	7 356	—
	有	7 637	3.82%

由表5—7可知,在1号隧道1/4位置交会时,350 km/h速度下有套衬比无套衬车体表面压力变化峰峰值增加了3.82%。

(2)隧道壁面压力

图5—23为CRH380A动车组以350 km/h的速度在有、无套衬的1号隧道的套衬中心处交会时,隧道壁面不同监测点瞬变压力。

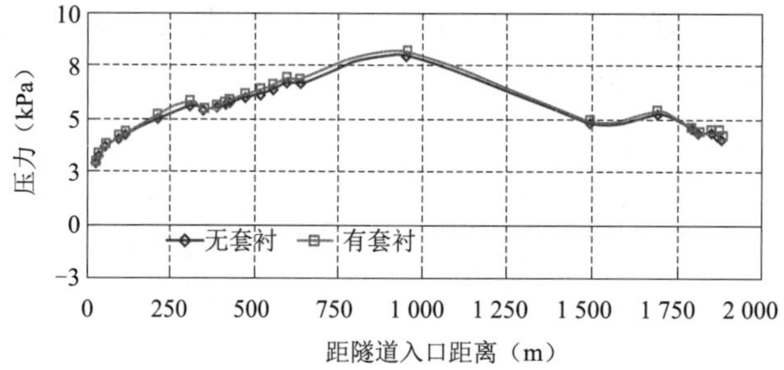

图5—23　CRH80A动车组以350 km/h的速度在1号隧道1/4位置交会时隧道壁面不同监测点压力变化

分析结果表明,350 km/h车速交会速度下,套衬没有影响隧道内压力分布规律,靠近隧道洞口处监测点压力峰值和压力变化峰峰值相对较小,最大压力及压力变化均主要分布在隧道中部附近。CRH380A动车组在1号隧道1/4位置交会时,350 km/h速度等级下隧道壁面瞬变压力峰峰值有套衬比无套衬情况分别增加2.81%。

(3)微气压波

图5—24为有、无套衬时,8车编组CRH2C动车组以300 km/h的速度通过1号隧道时,距隧道口20 m位置微气压波波形。

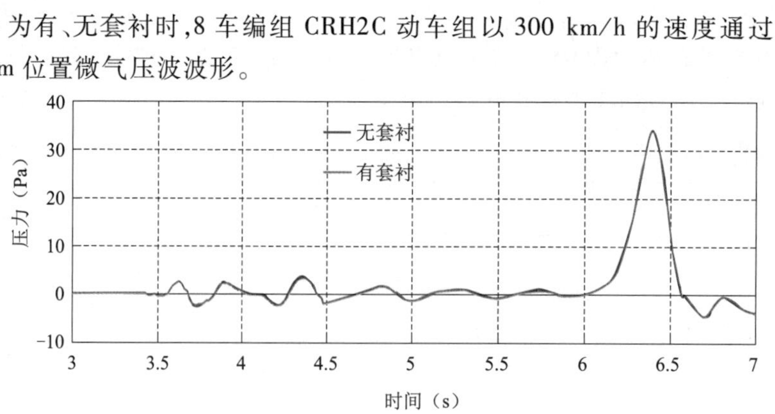

图5—24　CRH2C动车组以300 km/h的速度通过有、无套衬1号隧道时20 m位置微气压波变化曲线

由图可知,1号隧道套衬的设置对微气压波的影响非常小。微气压波的大小主要取决于列车头部进入隧道瞬间产生的初始压缩波以及在隧道内传播是否激化,影响微气压波大小的

隧道因素主要包括隧道断面、隧道长度和道砟类型，因此，如果套衬不是设置的隧道入口位置，套衬的设置对微气压波的影响可以忽略，所以这里大部分工况均不考虑微气压波的影响。

5.2.2 套衬长度对隧道空气动力学效应影响

1. 计算工况

计算工况见表5—8。

表5—8 不同套衬长度下动车组通过隧道计算工况

车型	编组	套衬参数	隧道参数	车速
CRH2C	8车	套衬位置：现有位置 套衬数量：1 套衬长度：0 m、60 m、89 m、180 m、300 m、400 m 套衬厚度：300 mm 套衬过渡段长度：1 m	面积：100 m^2 长度：1 907 m	300 km/h

2. 车体表面压力变化计算结果

图5—25为在不同长度套衬下，8车编组CRH2C动车组以300 km/h的速度通过隧道时，车体表面che3_1号监测点的压力变化曲线。

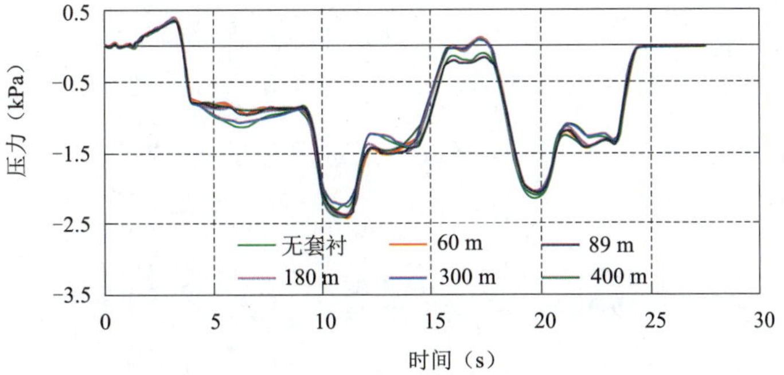

图5—25 CRH2C动车组以300 km/h的速度通过不同长度套衬隧道时车体表面che3_1号监测点压力变化曲线

图5—26为不同长度套衬条件下，8车编组CRH2C动车组以300 km/h的速度通过隧道时，车体表面监测点压力分布。

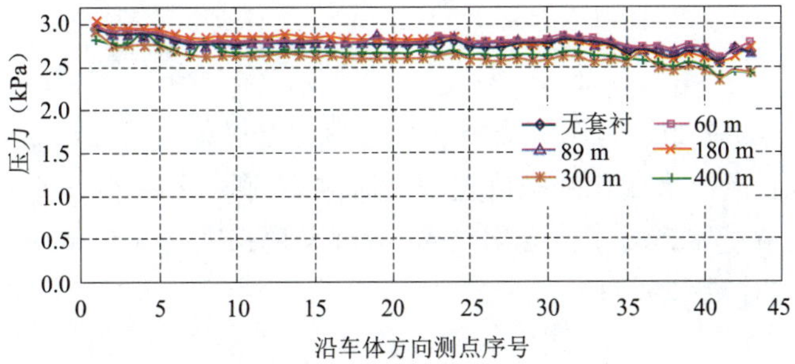

图5—26 CRH2C动车组以300 km/h的速度通过不同长度套衬隧道时车体表面不同监测点压力变化峰峰值

通过仿真分析可得出如下结论：

（1）套衬长度并未影响车体表面监测点压力变化分布规律，车体表面鼻尖点位置处监测点 che1_1 压力正峰值及压力变化峰峰值最大；最大负峰值位于尾车 che8_7 监测点。

（2）随着套衬长度的增加，车体表面监测点正峰值增幅不超过 2%，负峰值增幅不超过 4%，最大压力变化增幅不超过 3%。

（3）当套衬长度为 180 m 时，车体表面绝大多数监测点压力变化峰峰值最大，这长度与车长 200 m 接近，套衬长度约等于车长时，对隧道空气动力学效应的影响最明显，所以套衬长度的设置应尽量避免与车长相当。

3. 隧道壁面压力变化计算结果

图 5—27 为不同长度套衬下，8 车编组 CRH2C 动车组以 300 km/h 的速度通过隧道时，隧道口1 492 m 隧道壁面测点的压力变化曲线。

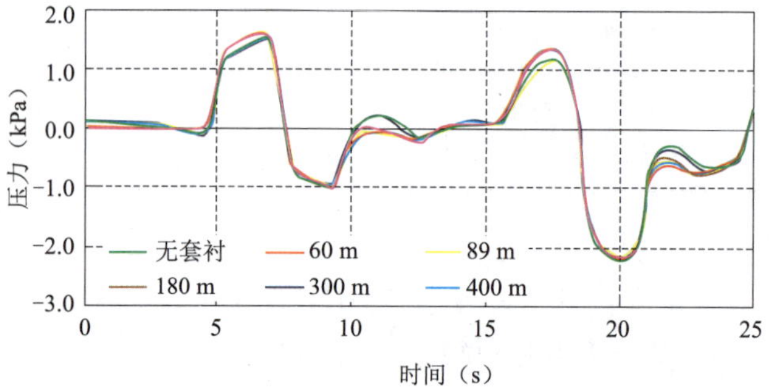

图 5—27　CRH2C 动车组以 300 km/h 的速度通过不同长度套衬隧道时隧道壁面距入口 1 492 m 测点压力变化曲线

图 5—28 为 8 编组列车以 300 km/h 的速度通过现有套衬位置时，套衬长度分别为 0 m、60 m、89 m、180 m、300 m 和 400 m 长时，隧道壁面压力峰峰值变化曲线。

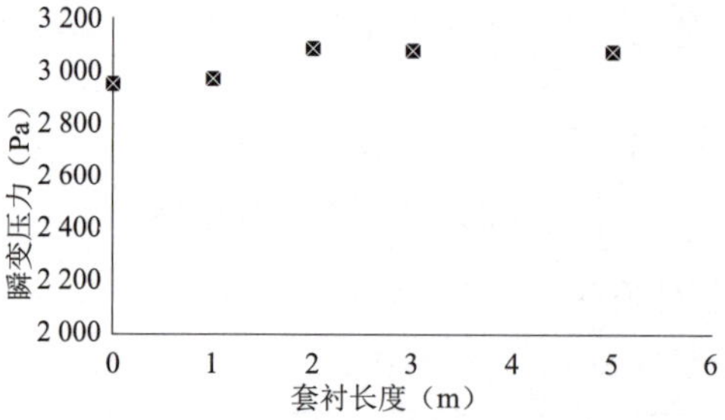

图 5—28　隧道壁面压力峰峰值与套衬长度关系

8 车编组 CRH2C 动车组通过不同套衬长度隧道时壁面压力仿真结果表明：随着套衬长度的增加，隧道壁面监测点压力变化峰峰值先增大后减小，套衬长度为 180 m 时最大，套衬长度为 300 m 时最小，这与车体表面压力变化规律一致；套衬长度为 300 m 时，隧道壁面最大压力变化峰峰值比无套衬时减小 5.71%。

5.2.3　套衬位置对隧道空气动力学效应影响

1. 计算工况

计算工况见表 5—9。

表 5—9　不同套衬位置下动车组通过隧道计算工况

车型	编组	套衬参数	隧道参数	车速
CRH2C	8 车编组	套衬数量:1 套衬长度:89 m 套衬厚度:300 mm 套衬过渡段长度:1 m 套衬位置:入口、1/4、1/2、2/3、出口 套衬位置:20 m、300 m、600 m、950 m、1 450 m、1 600 m、1 907 m	面积:100 m^2 长度:1 907 m	300 km/h

图 5—29 为不同套衬位置条件下,8 车编组 CRH2C 动车组以 300 km/h 的速度通过隧道时,车体表面监测点的压力变化曲线。

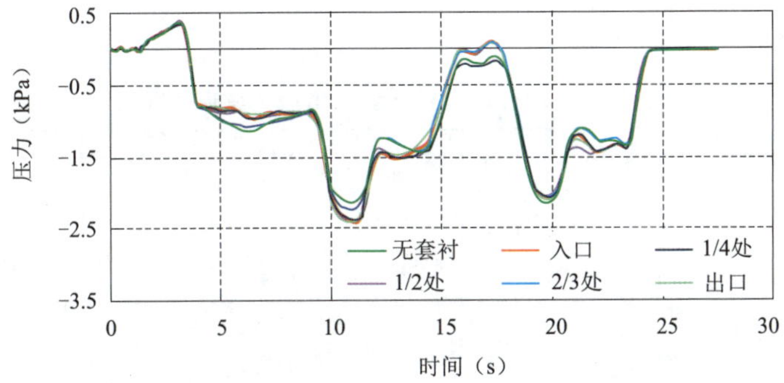

图 5—29　CRH2C 动车组以 300 km/h 的速度通过不同位置套衬隧道时车体表面测点压力变化曲线

图 5—30 为 CRH2C 动车组以 300 km/h 的速度通过隧道时,车体表面压力变化峰峰值随套衬位置变化。

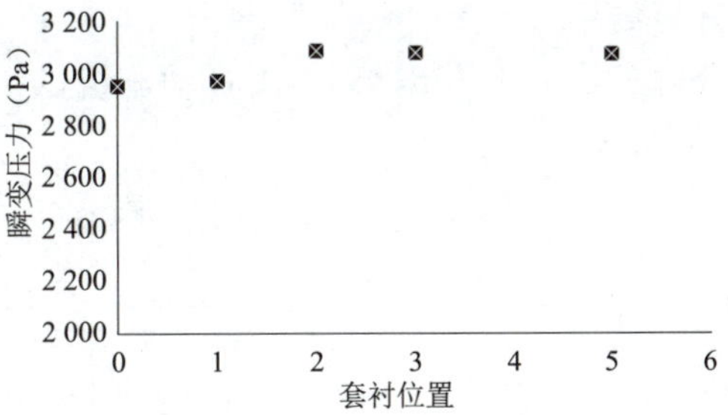

图 5—30　车体表面压力峰峰值与套衬位置关系

仿真分析结果表明,套衬位于隧道入口时,车体表面压力变化最大,最大值比无套衬时增加 6.58%;套衬位于其他位置时,最大压力变化峰峰值相差不超过 3%,随套衬位置的变化规律性不强,这与列车运行速度、隧道长度等因素引起的压力传播及反射复杂波系有关。

图 5—31 为 CRH2C 动车组以 300 km/h 的速度通过隧道时,隧道壁面压力变化峰峰值随套衬位置变化。

仿真结果表明,隧道壁面监测点最大峰峰值与套衬位置无明显变化规律。

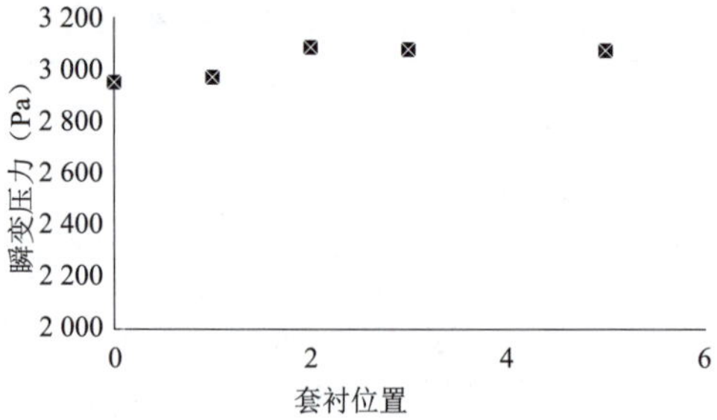

图 5—31　隧道壁面压力峰峰值随套衬位置变化规律

5.2.4　套衬数量对隧道空气动力学效应影响

1. 计算工况

计算工况见表 5—10。

表 5—10　不同套衬数量下动车组通过隧道计算工况

车型	编组	套衬参数	隧道参数	车速
CRH2C	8 车编组	套衬位置:现有位置 套衬数量:1 套衬数量:89 m 套衬厚度:300 mm 套衬过渡数量:1 m 套衬数量:0、1、2、3、5	面积:100 m^2 数量:1 907 m	300 km/h

注:1 个套衬布置在隧道 1/4 处,2 个套衬分别布置在隧道入口、出口处,3 个套衬分别布置在隧道入口、1/2、出口处,5 个套衬分别布置在隧道入口、1/4、1/2、3/4、出口处。

2. 车体表面压力变化计算结果

图 5—32 为不同数量套衬条件下,8 车编组 CRH2C 动车组以 300 km/h 的速度通过隧道时,车体表面测点的压力变化曲线。

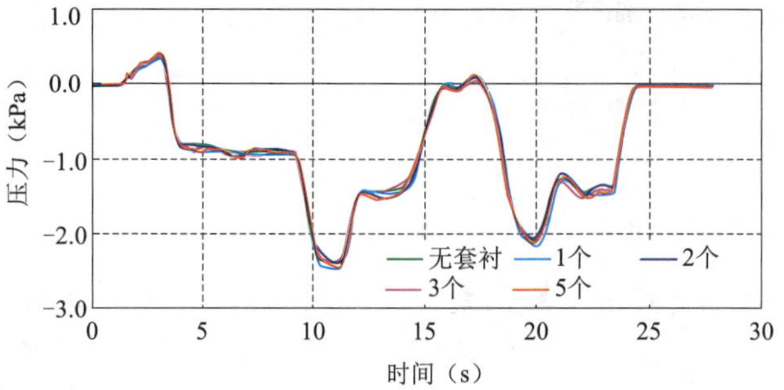

图 5—32　CRH2C 动车组以 300 km/h 的速度通过不同数量套衬隧道时车体表面测点压力变化曲线

CRH2C 动车组以速度 300 km/h 通过不同数量套衬隧道时,车体表面最大压力与套衬数量关系如图 5—33 所示。

分析结果表明,随着套衬数量的增多,车体表面最大压力变化峰峰值的变化规律性不强。不同套衬数量下,监测点正、负峰值力以及压力变化峰峰值均比无套衬时大。

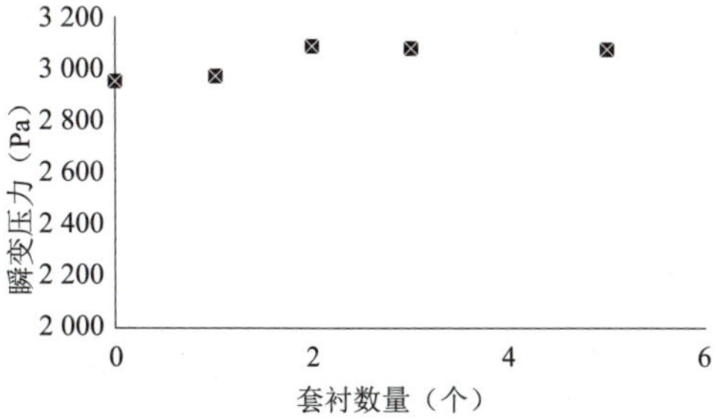

图 5—33 车体表面最大压力与套衬数量关系

3. 隧道壁面压力变化计算结果

图 5—34 为列车以 300 km/h 的速度分别通过无套衬、1 个套衬、2 个套衬、3 个套衬、5 个套衬的隧道时，隧道壁面最大正压、最大负压、压力峰峰值与套衬数量关系。

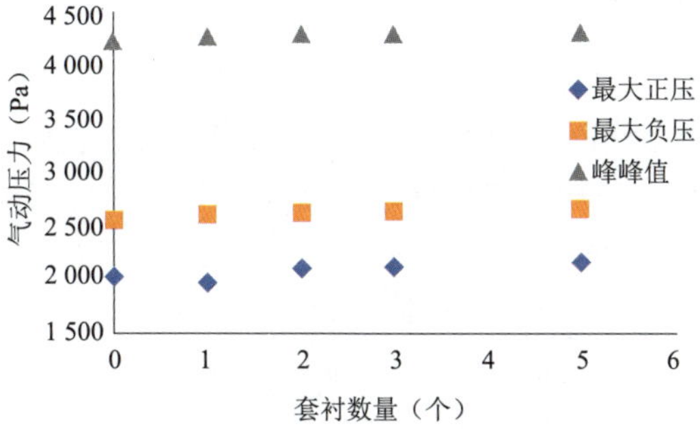

图 5—34 隧道壁面压力变化与套衬数量关系

仿真结果表明，随套衬数量增加，隧道壁面监测点最大正峰值逐渐增大，增幅可达 7%；最大负峰值随套衬数量增加，增幅不超过 4%；最大压力变化的增幅不超过 2.3%。隧道入口设置套衬对隧道内压力变化影响较大，而 2 个、3 个和 5 个套衬的第一个套衬均布置在隧道入口处，导致 2 个、3 个和 5 个套衬的隧道内压力变化差异较小。

5.2.5 套衬过渡段长度对隧道空气动力学效应影响

1. 计算工况

计算工况见表 5—11。

表 5—11 不同套衬过渡段长度下动车组通过隧道计算工况

车型	编组	套衬参数	隧道参数	车速
CRH2C	8 车编组	套衬位置：1/4 位置及洞口 套衬数量：1 套衬长度：89 m 套衬厚度：300 mm 套衬过渡段长度：0、0.5 m、1 m、1.5 m、2 m	面积：100 m^2 数量：1 907 m	300 km/h

2. 套衬位于隧道内 1/4 处

套衬位于 1/4 位置时，CRH2C 动车组以 300 km/h 的速度通过不同套衬过渡段长度隧道时车体表面最大压力变化如图 5—35 所示。

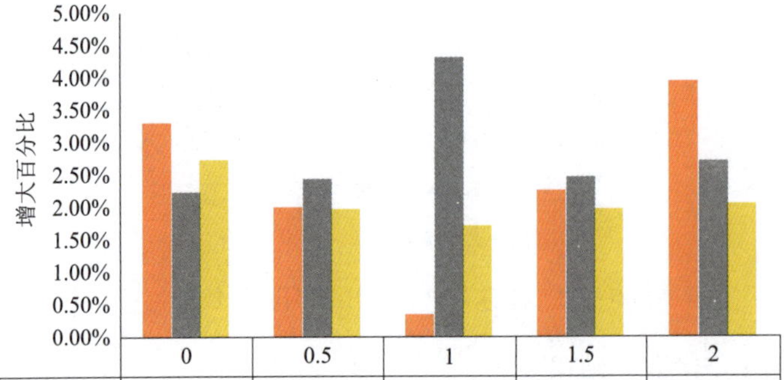

	0	0.5	1	1.5	2
最大负压	3.31%	2.02%	0.35%	2.28%	3.95%
最大正压	2.25%	2.44%	4.32%	2.49%	2.72%
峰峰值	2.74%	1.99%	1.72%	1.99%	2.07%

图 5—35　套衬过渡段长度与车体表面压力变化关系

从上述列车通过套衬位于 1/4 位置、不同套衬过渡段长度隧道时计算结果可知，过渡段长度从 0 变化至 2 m 时，车体表面压力变化峰峰值相差很小，在 1% 以内。

图 5—36 为动车组以 300 km/h 的速度通过套衬位于 1/4 位置过渡段分别为无套衬、0 m、0.5 m、1.0 m、1.5 m、2 m 的 1 号隧道时，距隧道口 1 492 m 隧道壁面监测点的压力变化与过渡段长度关系。

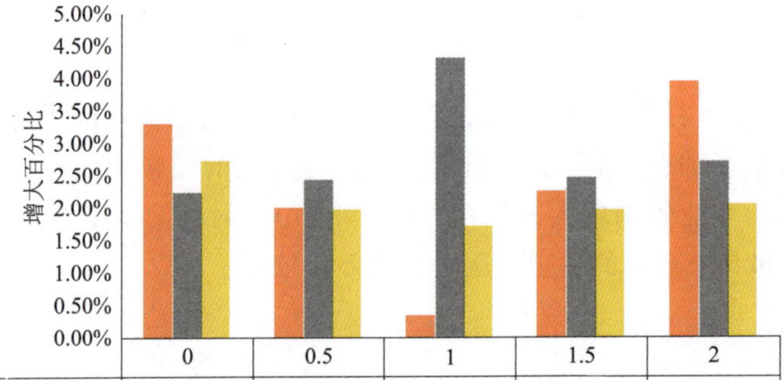

	0	0.5	1	1.5	2
最大负压	3.31%	2.02%	0.35%	2.28%	3.95%
最大正压	2.25%	2.44%	4.32%	2.49%	2.72%
峰峰值	2.74%	1.99%	1.72%	1.99%	2.07%

图 5—36　套衬过渡段长度与隧道壁面压力变化关系

分析结果表明，列车以 300 km/h 的速度通过现有套衬位置不同套衬过渡段长度隧道(1 号隧道)时，套衬过渡段对隧道内压力峰值和压力变化峰峰值影响很小，套衬过渡段长度对最大正峰值有降低作用，最大负峰值增幅不超过 1%，压力变化峰峰值变化增幅不超过 1.2%；套衬过渡段长度对隧道内压力分布规律及峰峰值影响相对较小。

3. 套衬位于隧道入口处(最不利位置)

CRH2C 动车组以速度 300 km/h 通过 1 号隧道时，当套衬位于最不利位置时车体表面压力与套衬过渡段长度关系如图 5—37 所示。

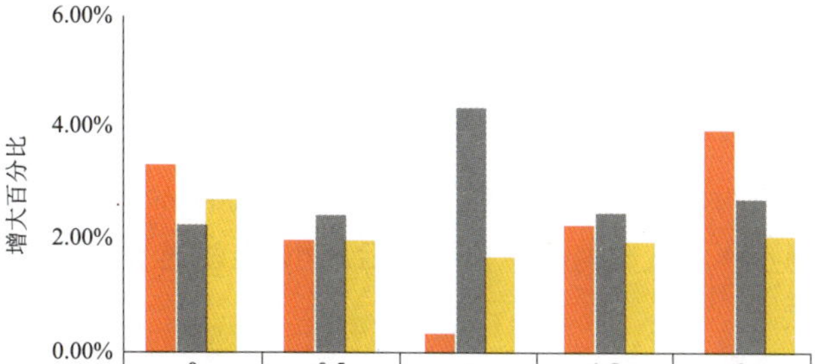

	0	0.5	1	1.5	2
最大负压	3.31%	2.02%	0.35%	2.28%	3.95%
最大正压	2.25%	2.44%	4.32%	2.49%	2.72%
峰峰值	2.74%	1.99%	1.72%	1.99%	2.07%

图 5—37　套衬位于最不利位置时车体表面压力与套衬过渡段长度关系

仿真结果表明，当套衬位于隧道入口处时，过渡段长度对车体表面监测点最大正、负压力分布规律无影响，且不同套衬过渡段长度下最大压力变化均相对较小，但均比无套衬时大。

CRH2C 动车组以速度 300 km/h 通过 1 号隧道时，当套衬位于最不利位置时隧道壁面压力与套衬过渡段长度关系如图 5—38 所示。

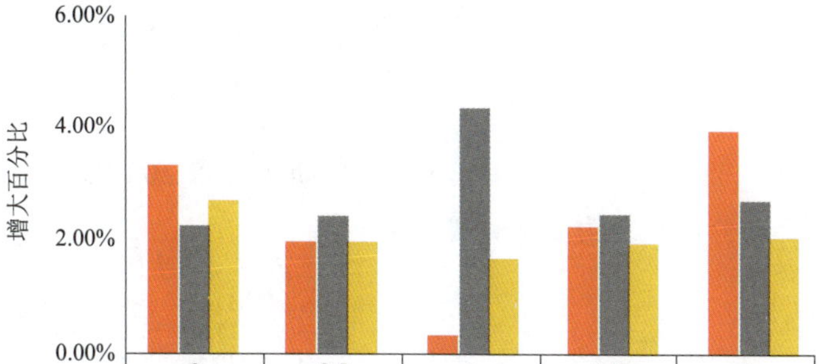

	0	0.5	1	1.5	2
最大负压	3.31%	2.02%	0.35%	2.28%	3.95%
最大正压	2.25%	2.44%	4.32%	2.49%	2.72%
峰峰值	2.74%	1.99%	1.72%	1.99%	2.07%

图 5—38　套衬位于最不利位置时隧道壁面压力与套衬过渡段长度关系

仿真结果表明，当套衬位于隧道入口处时，不同套衬过渡段长度下，隧道内压力变化不显著，最大正峰值增幅不超过 5%，最大负峰值增幅不超过 4%，压力变化峰峰值最大增幅在 3% 左右。

5.2.6　套衬对不同长度隧道空气动力学效应影响

1. 计算工况

计算工况见表 5—12。

表 5—12　套衬对不同长度隧道空气动力学效应影响计算工况

车型	编组	套衬参数	隧道参数	车速
CRH2C CRH380A	8 车编组	套衬位置：现有位置和最不利位置 套衬数量：1 套衬长度：89 m 套衬厚度：300 mm 套衬过渡段长度：1 m	面积：100 m^2 长度：600 m、900 m、1 500 m、1 907 m、3 000 m、5 000 m	300 km/h

2. 套衬位于隧道1/4处

(1)车体表面压力

从图5—39可以看出,套衬位于1/4处、列车通过600~5 000 m不同长度隧道时,随着隧道长度的增加,车体表面监测点压力变化峰峰值先增大后减小,在隧道长度为900 m左右时最大。

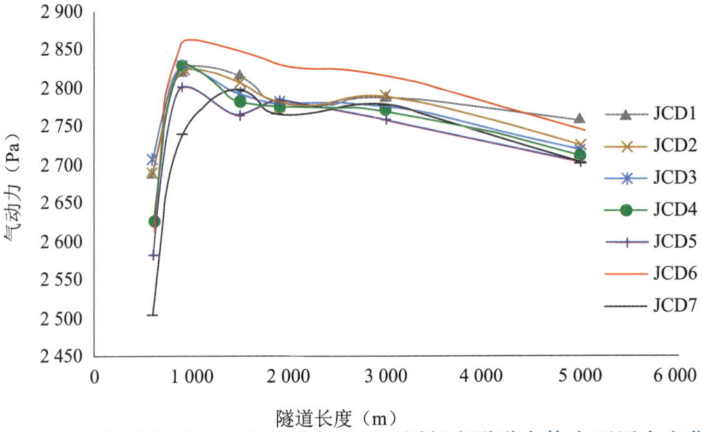

图5—39　套衬位于1/4处时列车通过不同长度隧道车体表面压力变化

(2)隧道壁面压力

表图5—40为套衬位于1/4位置、8车编组CRH2C动车组以300 km/h的速度通过不同长度隧道时,隧道壁面部分监测点压力变化计算结果。

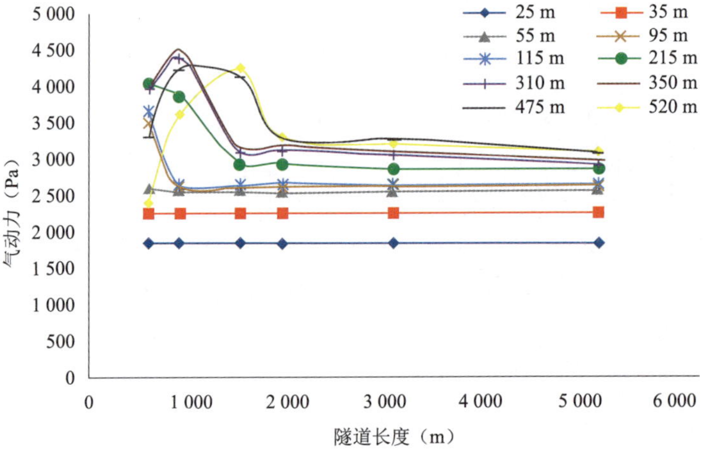

图5—40　套衬位于1/4处时列车通过不同长度隧道的壁面压力

从上述结果可以看出,套衬位于1/4处、列车通过600~5 000 m不同长度隧道时,随着隧道长度的增加,隧道壁面监测点压力变化峰峰值变化规律与车体表面基本相同,均是先增大后减小,在隧道长度为900 m左右时最大。

3. 套衬位于最不利位置(隧道入口处)

(1)车体表面压力

从图5—41可以看出,套衬位于最不利位置、列车通过600~5 000 m不同长度隧道时,随着隧道长度的增加,车体表面监测点压力变化峰峰值先增大后减小,在隧道长度为900 m左右时最大。

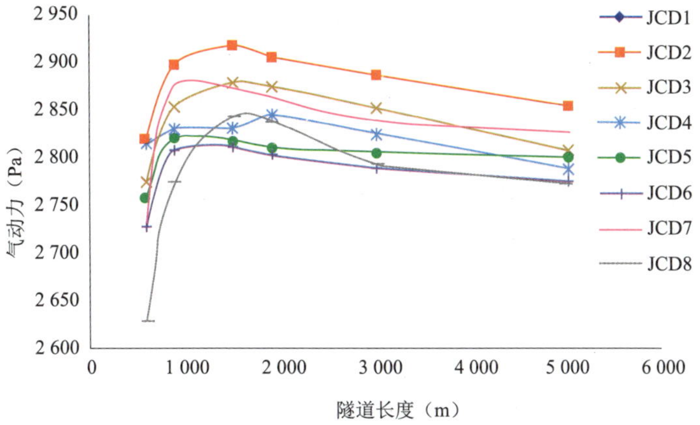

图 5—41 套衬位于最不利位置时列车通过不同长度隧道的车体表面压力变化

图 5—42 为套衬处于最不利位置、8 车编组 CRH2C 动车组以 300 km/h 的速度通过不同长度隧道时，隧道壁面部分监测点压力变化计算结果。

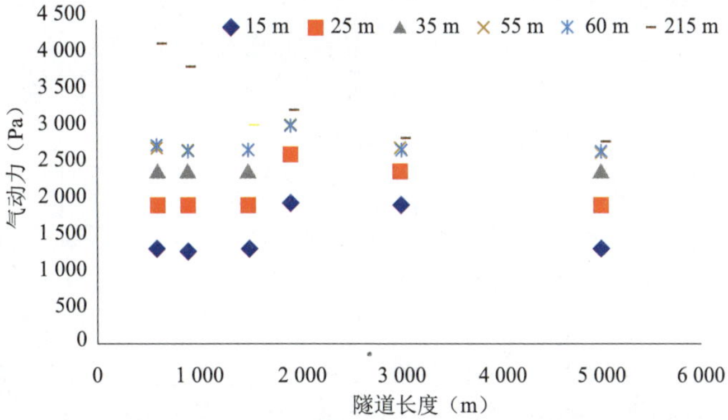

图 5—42 CRH2C 动车组以 300 km/h 的速度通过不同长度隧道时隧道壁面不同监测点压力变化

从上述结果可以看出，套衬位于最不利位置、列车通过 600 ~ 5 000 m 不同长度隧道时，随着隧道长度的增加，隧道壁面监测点压力变化峰峰值先增大后减小，在隧道长度为 900 m 左右时最大。

5.3 本章小结

1. 动车组编组长度的影响

重联、单列动车组以 300 km/h 的速度通过 1 号隧道时，车体表面压力变化最大值分别为 3 409 Pa、2 855 Pa，增幅为 20%，隧道壁面最大峰峰值分别为 5 115 Pa、4 281 Pa，增幅为 20%。但不同位置影响规律差别较大。

动车组以 300 km/h 的速度在 1 号隧道内交会，编组长度影响更大，两列重联动车组交会比两列 8 车编组交会压力变化峰峰值增加 40% ~ 80%，不同交会位置影响规律不同。

2. 交会位置的影响

交会位置对重联动车组和单列动车组在隧道内交会的影响规律不同。对于重联动车组，车体和隧道壁面压力变化峰峰值均是隧道中心交会普遍大于套衬中心交会；对于单列动车组，车体表面压力变化峰峰值是隧道中心交会普遍小于套衬中心交会，隧道壁面压力变化峰峰值是隧道中心交会大于套衬中心交会。隧道内交会时影响隧道空气动力学效应的因素更多，不同交会位置的影响规律与列车长度、隧道长度、列车运行速度等因素相关。

3. 套衬长度的影响

CRH2C 单列动车组以 300 km/h 的速度通过有不同长度套衬的隧道时(套衬位于隧道入口475 m，套衬长度 60 m、89 m、180 m、300 m、400 m)，套衬长度为 180 m 时，车外压力变化最大值、隧道壁面瞬变压力峰峰值增幅最大，车外压力变化最大值 3 031 Pa，相对无套衬增幅约为 3%，隧道壁面瞬变压力最大峰峰值增幅约为 6%。

4. 套衬位置的影响

CRH2C 单列动车组通过隧道时，套衬分别设置在入口、1/4、1/2、2/3、出口位置，套衬段最不利位置位于隧道入口，车体表面压力变化峰峰值比无套衬时增加约 7%；隧道壁面局部监测点瞬变压力变化峰峰值影响较大，但隧道壁面瞬变压力最大峰峰值影响较小，增加约 2%。

5. 套衬数量的影响

CRH2C 单列动车组以 300 km/h 的速度通过不同数量套衬隧道(套衬数量分别为 1、2、3、5，1 个套衬布置在隧道 1/4 处，2 个套衬分别布置在隧道入口、出口处，3 个套衬分别布置在隧道入口、1/2、出口处，5 个套衬分别布置在隧道入口、1/4、1/2、3/4、出口处)时，车外压力变化最大值幅值增幅约 5%，不同套衬数量间差异较小。

6. 套衬过渡段长度的影响

套衬过渡段长度对隧道空气动力学效应的影响较小，套衬过渡段长度在 0 ~ 2 m 之间变化时，车外压力变化最大值及隧道壁面瞬变压力幅值相差均不超过 3%。

7. 套衬厚度的影响

当套衬设置在隧道 1/4 位置时，套衬厚度对隧道空气动力学效应的影响较小，500 mm 厚度(对应隧道净空面积 87.7 m^2)时的压力变化峰峰值比无套衬增大约 3%。当套衬设置在最不利位置(隧道入口处)时，套衬厚度对隧道空气动力学效应的影响相对较大，500 mm 厚度时压力变化峰峰值比无套衬时增大约 10%。动车组通过及在套衬后的隧道中心交会时(套衬位置为隧道中心)，车外压力变化峰峰值、套衬壁面所受的瞬变压力变化峰峰值、3 s 变化极值与套衬厚度成指数关系增长。

8. 套衬对不同长度隧道空气动力学效应的影响

列车通过 600 ~ 5 000 m 不同长度隧道时，随着隧道长度的增加，隧道壁面和车体表面最大压力变化峰峰值先增大后减小，在隧道长度为 900 m 左右时最大(最不利隧道长度)。不同长度隧道下，套衬位置对隧道壁面和车体表面压力变化峰峰值的影响规律一致，均是套衬位于隧道入口时大于套衬位于隧道入口 1/4 处。

9. 车速的影响

单列动车组通过隧道时，车体表面压力变化峰峰值、隧道壁面瞬变压力变化峰峰值近似与列车速度的平方成正比。在隧道内交会时，车速的影响规律与交会位置有关：隧道中心交会时，车体表面及隧道壁面压力变化峰峰值近似与列车速度的 2.6 次方成正比；套衬中心交会时，近似与列车速度的 1.8 次方成正比。

6

隧道净空断面优化

近年来,中国高速铁路技术成果和建设成就在国际社会产生了重大影响,中国已经成为世界上高速铁路系统技术最全、集成能力最强、在建规模最大、运营里程最长、运营速度最高、产品性价比最优的国家。中国高铁"走出去"是推进世界铁路发展与进步的客观要求,为此,需要系统梳理、优化和规范高铁隧道建设标准,满足高铁技术输出的需要。

6.1 铁路隧道净空面积现状

国际铁路联盟标准 UIC779-11 提出:确定铁路隧道净空面积最重要的考量因素是列车内瞬变压力的变化能否符合乘客舒适度标准。因此,铁路隧道净空面积的确定主要考虑舒适度标准和列车动态密封性能,同时需要车体强度标准、洞口微气压波缓解措施、列车牵引性能、隧道内设备设施气动荷载标准与之相配套。

选择合适的隧道断面设计参数和标准,是为高速铁路速度进一步提高做好技术储备、取得良好经济、社会和环境效益的关键。世界各国根据各自的国情、线路运行速度、车辆情况(流线型程度、车宽、气密性等)以及综合考虑固定设施和移动设施的投资等因素所决定的隧道断面相差较大。

6.1.1 日本

日本新干线是世界上第一个高速铁路运输系统,1964 年 10 月 1 日东海道新干线开始运营,当时车速为 160～200 km/h。在隧道净空面积方面,由于日本土地少、人口密集的国情,形成了以提高列车动态密封指数弥补土建工程之不足的特点。日本新干线铁路隧道线间距和净空面积都比较小,双线隧道净空面积为 61～64 m^2,提高车速只能依靠强化动车组的密封性能,新干线列车动态密封指数能够达到 12 s 以上。但早期采用较小的铁路隧道线间距和净空面积依然成为制约日本高速铁路的进一步发展的障碍。日本新干线隧道基本参数见表 6—1。

表 6—1 日本新干线隧道基本参数

项 目	山阳新干线	东北新干线	北陆新干线	东海道新干线	上越新干线
运行速度(km/h)	300	275	275	270	245
隧道断面积(m^2)	64	64	64	64	64
线间距(m)	4.3	4.3	4.3	4.2	4.3
车体宽度(m)	3.38	3.38	3.38	3.38	3.38
车间距(m)	0.92	0.92	0.92	0.82	0.92

6.1.2 德国

1971 年,德国开工建设第一条高速铁路新线——汉诺威至维尔茨堡高速线,之后又开始修建第二条高速铁路新线——曼海姆至斯图加特高速线。这两条高速铁路新线于 1991 年同时开通运营,采用 ICE1 型列车,列车动态密封指数在 6 ~ 15 s 之间,当时列车最高车速为 250 km/h,双线隧道净空面积为 82 m^2。

目前,德国铁路隧道设计规范根据运营列车的速度、列车密封指数(现今使用的 ICE3 型列车动态密封指数已达到 15 s 以上)和较为严格的舒适度标准,将长度在 2 ~ 30 km 的隧道分为下列四种使用类别:

(1)高速铁路交通隧道:列车运营速度为 230 ~ 300 km/h;

(2)快速铁路交通隧道:列车运营速度为 160 ~ 230 km/h;

(3)客货铁路交通隧道:列车运营速度为 120 ~ 160 km/h;

(4)城市轨道交通隧道:列车运营速度低于 120 km/h。

其中,科隆至法兰克福高速铁路设计速度 300 km/h,双线隧道的净空面积约为 92 m^2;快速铁路交通双线隧道的净空面积约为 79.2 m^2;根据德国联邦铁路局规定,客货铁路交通隧道只能设计成单线隧道,其净空面积约为 46 m^2;城市轨道交通隧道双线隧道的净空面积约为 50.3 m^2(矩形断面)或 51.7 m^2(曲线形断面)。德国高速铁路隧道基本参数见表 6—2。

表 6—2 德国高速铁路隧道基本参数

项　　目	汉诺威—维尔茨堡	曼海姆—斯图加特	科隆—法兰克福
运行速度(km/h)	250	250	300
隧道断面积(m^2)	82(94)	82(94)	92
线间距(m)	4.7	4.7	4.5
车体宽度(m)	2.805	2.805	2.905
车间距(m)	1.900	1.900	1.600

6.1.3 法国

法国高速铁路设计标准规定如下:(1)列车速度 230 km/h 时,隧道面积双线 63 m^2,单线 46 m^2;(2)列车速度 270 km/h 时,隧道面积双线 83 m^2,单线 59 m^2;(3)列车速度 300 km/h 时,隧道净空面积双线 100 m^2,单线 70 m^2。

1970 年,法国国营铁路公司提出修建巴黎—里昂东南线城际高速铁路,该线于 1981 年开始运营,使用 TGV 型列车,该类型列车的动态密封指数在 6 ~ 15 s 之间,最高运营速度为 270 km/h。随后又修建了巴黎—勒芒/图尔的大西洋线,单线隧道的净空面积约为 46 m^2,双线隧道的净空面积最大约为 71 m^2,该线于 1989 年开始运营,列车最高运营速度为 300 km/h,途经四座隧道,依次为 Fontenay 隧道(474 m)、Sceaux 隧道(827 m)、Villejust 隧道(2 × 4 800 m)和 Vouvray 隧道(1 496 m),在 Villejust 隧道中列车以最高速度 300 km/h 行驶(隧道内有降压措施);但在 Vouvray 隧道中,为保证乘客的耳膜舒适性,列车以不超过 200 km/h 限速行驶;因为距离巴黎在 10 km 以内,列车在 Fontenay 隧道中以 150 ~ 170 km/h 的速度行驶,在 Sceaux 隧道中以 166 ~ 173 km/h 的速度行驶。

6.1.4 其他国家

其他国家的高速铁路隧道净空面积见表 6—3。

表 6—3 其他国家的高速铁路隧道净空面积

国 家	线 别	运行速度(km/h)	双线净空面积(m^2)	单线净空面积(m^2)
西班牙	马德里—瓦拉	350	100	52
	马德里—塞维利亚	270	75	41 ~ 42
韩 国	首尔—釜山	350	107	—

6.1.5 高速铁路隧道净空面积对比

高速铁路及城际铁路隧道净空面积比较如图 6—1 所示。

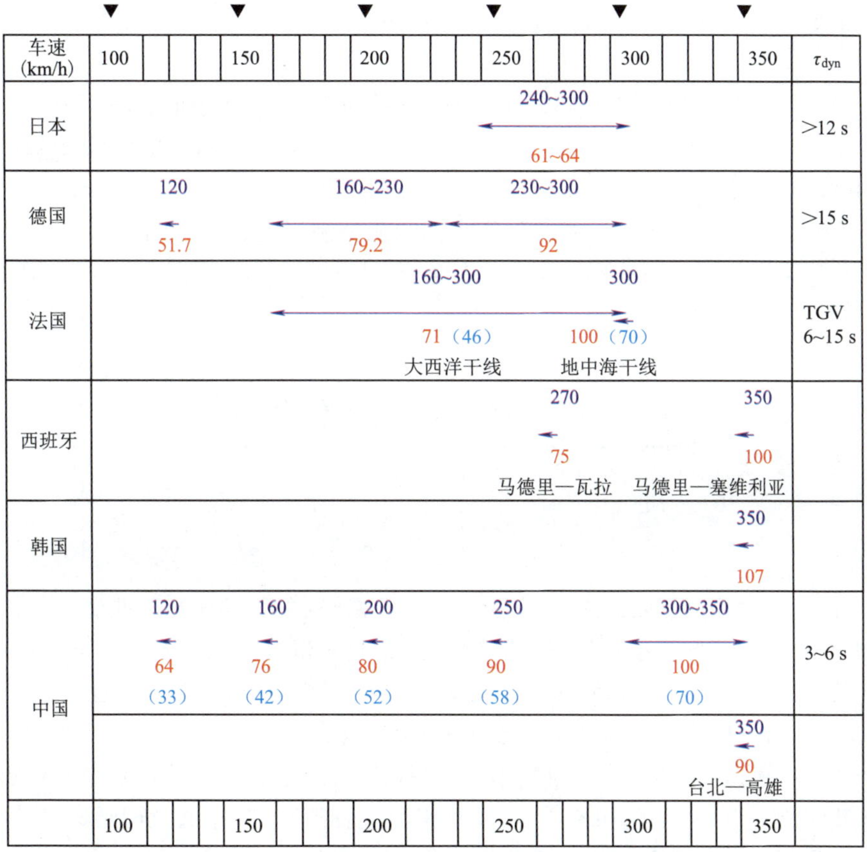

图 6—1 高速铁路及城际铁路隧道净空面积比较

根据铁路隧道建筑限界和隧道内必须配置的各功能空间的要求，结合隧道空气动力学的研究成果，我国相关标准、规范提出：车速 120 km/h 时，单、双线隧道净空面积分别不小于 33 m^2 和64 m^2；车速 160 km/h 时，单、双线隧道净空面积分别不小于 42 m^2 和 76 m^2；车速 200 km/h 时，单、双线隧道净空面积分别不小于 52 m^2 和 80 m^2；车速 250 km/h 时，单、双线隧道净空面积分别不小于 58 m^2 和 90 m^2；车速 300 ~ 350 km/h 时，单、双线隧道净空面积分别不小于 70 m^2 和 100 m^2；并制定了不同行车速度条件下单、双线隧道衬砌通用参考图。在《城际铁路设计规范》中，结合运营列车车长为 200 m、动态密封指数大于 6 s 等条件提出：车速 120 km/h、160 km/h 时，单、双线隧道净空面积分别不小于 35 m^2 和 64 m^2；车速 200 km/h 时，单、双线隧道净空面积分别不小于 48 m^2 和 72 m^2。

由此可知，各国相同运行速度线路，其隧道断面积设置差别很大，我国鉴于固定设施改造难度大，对隧道断面积的设置都预留有一定的提速空间和发展余量。而列车空气动力学性能是制约隧道断面积参数设置的主要因素，因此，有必要对列车空气动力学效应影响进行分析，研究动车组不同速度等级下列车空气动力学效应与隧道净空面积的适应性，探索动车组最高时速 400 km 速度级隧道内交会时的隧道气动效应，为确定现有隧道净空面积下的最优列车速度和不同列车速度下最优隧道净空面积提供参考。

对比分析表明，日本时速 240 ~ 300 km 的双线隧道净空面积最小，仅为 61 ~ 64 m^2；德国时速 250 km 和 300 km 的隧道净空面积分别为 82 m^2 和 92 m^2；法国时速 300 km 和 350 km的隧道净空面积分别为 71 m^2 和 100 m^2；西班牙时速 270 km 和 350 km 的隧道净空面积分别为75 m^2和100 m^2；我国时速 250 km 和 300 ~ 350 km 的隧道净空面积分别为92 m^2 和 100 m^2。

根据相关要求，动车组通过隧道时，国内列车通过隧道时车内瞬变压力应小于 0.8 kPa/3 s，德国要求同时满足 0.5 kPa/1 s、0.8 kPa/3 s、1 kPa/10 s 三个条件，日本为 0.2 ~ 0.5 kPa/s，各国舒适性标准由高到低的排列为：日本、中国、美国、英国和法国。

实测试验表明，目前国内动车组实际密封性能能够满足高铁动车组技术条件的相关规定及舒适度要求，但在舒适度不比国外差的情况下，国内铁路双线隧道净空面积比日本大、较德国大 8 m^2，具备优化空间。

6.2 隧道净空断面积优化分析

6.2.1 隧道净空断面积优化需要满足的标准

隧道净空断面优化应满足乘客舒适度标准与车体承受的气动荷载标准要求。

车体承受的气动荷载标准：根据《高速电动车组整车试验规范》（铁运〔2008〕28 号）中的相关要求，动车组通过隧道时，250 km/h 动车组最大车内外压差按不超过 4 000 Pa 考核，350 km/h动车组最大车内外压差按不超过 6 000 Pa 考核。

舒适度标准：根据《高速电动车组整车试验规范》（铁运〔2008〕28 号）和《铁路应用空气动力学》（TB/T 3503—2018）中的相关要求，动车组通过隧道时，列车通过隧道时车内瞬变压力应小于 0.8 kPa/3 s；参考《高速铁路工程动态验收技术规范》（TB 10761—2013）中的相关要求，动车组在隧道内交会时，车内瞬变压力应小于 1.25 kPa/3 s。

6.2.2 隧道净空断面优化分析

由式（3—9）可知，在其他条件相同的情况下，列车以相同速度通过长度相同、净空面积不同隧道时，压力波在隧道内叠加规律一致，只叠加的幅值有区别，由此得出相同速度情况下，隧道净空面积减小后气动压力的变化情况，见表 6—4。

表 6—4 净空面积减小后气动压力变化情况

交会速度(km/h)	净空面积(m^2)		净空面积减小后压力增大比例
	优化前	优化后	
250	92	80	29.5%
300	100	86	18.8%
350	100	92	9.9%

1. 时速 250 km 铁路隧道断面优化分析

对于运营速度为 250 km/h 铁路,当净空面积由 92 m^2 减小至 80 m^2 时,车内外压差、车内压力变化 3 s 极值见表 6—5。

表 6—5 250 km/h 铁路净空面积由 92 m^2 减小至 80 m^2 时气动压力参数变化

隧道长度(m)	车型	交会速度(km/h)	车外压力变化(Pa)	车内压力 3 s 变化最大值(Pa)		车内外压差最大值(Pa)	
			最大值	优化前	优化后	优化前	优化后
2 728	CRH2-068C/CRH2-071C	250/250	2 994	619	802	1 390	1 800
		250/250	3 415	651	843	1 228	1 590
	CRH3-013C/CRH3-017C	250/250	2 639	465	602	1 642	2 126
856	380B/380B	250/250	3 100	318	412	1 929	2 498
822	CRH2-068C/CRH2-061C	251/247	2 335	325	421	1 790	2 318
		253/250	2 679	296	383	2 002	2 593
	CRH2-061C/CRH2-068C	251/247	2 314	436	565	1 627	2 107
		253/250	2 672	544	704	1 870	2 422

分析结果表明,当隧道净空面积由 92 m^2 减小至 80 m^2 时,车内外压差、车内压力变化 3 s 值均满足标准要求,因此,对于运营速度为 250 km/h 铁路,隧道净空面积可优化至 80 m^2。

2. 时速 300 km 铁路隧道净空面积优化方案

对于运营速度为 300 km/h 铁路,当净空面积由 100 m^2 减小至 86 m^2 时,车内外压差、车内压力变化 3 s 极值见表 6—6。

表 6—6 300 km/h 铁路净空面积由 100 m^2 减小至 86 m^2 时气动压力参数变化

隧道长度(m)	车　型	交会速度(km/h)	车外压力变化(Pa)	车内压力 3 s 变化最大值(Pa)		车内外压差最大值(Pa)	
			最大值	优化前	优化后	优化前	优化后
2728	CRH2-068C/CRH2-071C	300/300	4 449	787	935	2 322	2 759
		300/300	5 676	843	1 001	2 341	2 781
	CRH3-013C/CRH3-017C	300/300	4 065	465	552	2 453	2 914

续表

隧道长度(m)	车型	交会速度(km/h)	车外压力变化(Pa)	车内压力3 s变化最大值(Pa)		车内外压差最大值(Pa)	
			最大值	优化前	优化后	优化前	优化后
822	CRH2-068C/CRH2-061C	301/296	3 347	427	507	2 495	2 964
		303/300	6 280	621	738	4 227	5 022
		302/300	4 577	447	531	3 225	3 831
	CRH2-061C/CRH2-068C	301/296	4 296	663	788	3 111	3 696
		303/300	4 493	905	1 075	3 163	3 758
		302/300	6 072	768	912	4 180	4 966
856	CRH380B/CRH380B	300/300	3 604	352	418	3 008	3 574
		300/300	3 679	380	451	2 556	3 037
		300/300	5 759	394	468	4 017	4 772

分析结果表明,对于时速为 300 km 铁路,当隧道净空面积由 100 m^2 减小至 86 m^2 时,车内外压差均小于6 000 Pa,车内压力变化3 s值均小于1.25 kPa/3 s,满足标准要求,因此,对于运营速度为 300 km/h 铁路,隧道净空面积可优化至 86 m^2。

3. 时速 350 km 铁路隧道净空面积优化方案

对于运营速度为350 km/h 铁路,当净空面积由 100 m^2 减小至 92 m^2 时,车内外压差、车内压力变化 3 s 极值见表 6—7。

表 6—7 350 km/h 铁路净空面积由 100 m^2 减小至 92 m^2 时气动压力参数变化

隧道长度(m)	车型	交会速度(km/h)	车外压力变化(Pa)	车内压力3 s变化最大值(Pa)		车内外压差最大值(Pa)	
			最大值	优化前	优化后	优化前	优化后
856	CRH380B/CRH380B	350/350	5 763	574	631	4 799	5 274
		350/350	5 808	515	566	4 273	4 696
		350/350	8 164	571	628	5 617	6 173
822	CRH2-068C/CRH2-061C	352/347	6 966	1 096	1 205	5 576	6 128
		352/351	8 459	987	1 085	5 844	6 423
		350/348	6 420	1 056	1 161	5 139	5 648
		351/351	8 422	993	1 091	5 761	6 331
	CRH2-061C/CRH2-068C	352/347	8 630	1 106	1 215	5 811	6 386
		352/351	7 154	1 137	1 250	5 451	5 991
		350/348	8 419	1 084	1 191	5 806	6 381
2 728	CRH2-068C/CRH2-071C	350/350	7 046	1 009	1 109	3 031	3 331
		350/350	6 249	1 020	1 121	2 659	2 922

分析结果表明,对于时速为 350 km 铁路,当隧道净空面积由 100 m^2 减小至 92 m^2 后,车内压力变化 3 s 值均小于 1.25 kPa/3 s,满足标准要求,但部分工况车内外压差超过了6 000 Pa。

按《高速电动车组整车试验规范》(铁运〔2008〕28 号)规定，评价动车组空气动力学性能并不考核隧道交会工况，但为验证极端情况下车体气密强度和乘客乘坐气动舒适度，对四方中国标准动车组在最不利长度隧道中心交会时车内空气压力变化及车内外压差进行了推算，结论为：以其目前现车综合密封性能，车内空气压力变化小于相关标准限值；车内外压差瞬时可能会大于 6 000 Pa(对应无限寿命)，但根据四方股份检算车体可承受约 365 万次车内外压差 8 000 Pa 的气动荷载，车体气密强度仍有足够的安全储备，因此，当运营速度为 350 km/h 铁路隧道净空面积由 100 m^2 优化为 92 m^2 时，车内舒适度及车体强度均可满足要求。

4. 现场验证

2016 年在赣龙铁路进行了《赣龙线高速铁路线间距等速度适应性试验》，试验采用 CRH380AJ-0202、CRH380AJ-0201 动车组，试验结果见表 6—8、表 6—9。

表 6—8 CRH380AJ-0202 综合检测车隧道交会过程中车内外空气压力变化

隧道长度(m)	速度(km/h)	车内压力变化		车内外压差
		1 s 最大值(Pa)	3 s 最大值(Pa)	最大值(Pa)
7 556	220	100	174	1 673
	250	122	263	2 264
	280	190	326	2 753
	300	184	355	3 722
	310	208	372	3 713
3 362	220	89	222	1 896
	250	137	298	2 749
	280	165	346	3 443
863	220	132	229	2 390
	250	175	292	3 305
	280	222	395	4 429
	300	260	445	4 781
	310	301	536	5 351

表 6—9 CRH380AJ-0201 综合检测车隧道交会过程中车内外空气压力变化

隧道长度(m)	速度(km/h)	车内压力变化		车内外压差
		1 s 最大值(Pa)	3 s 最大值(Pa)	最大值(Pa)
7 556	220	95	194	2 200
	250	105	267	2 766
	280	170	323	3 295
	300	187	386	3 592
	310	178	406	3 691

续上表

隧道名称	速度(km/h)	车内压力变化		车内外压差
		1 s 最大值(Pa)	3 s 最大值(Pa)	最大值(Pa)
3 362	220	107	255	2 658
	250	125	269	2 576
	280	130	292	2 717
863	220	163	293	2 559
	250	197	316	3 151
	280	285	486	4 501
	300	265	520	4 821
	310	346	593	5 755

试验结果表明,CRH380AJ-0202、CRH380AJ-0201 综合检测列车分别以速度 250 km/h、300 km/h在净空面积 81.37 m^2 的隧道内交会时,车内压力变化 3 s 最大值分别为 316 Pa、520 Pa,车内外压差最大值分别为 3 305 Pa、4 821 Pa,表明列车分别以速度 250 km/h、300 km/h 在净空面积 81.37 m^2 内运行时舒适度及列车强度能够满足要求。

5. 小结

通过对大量测试数据的分析,对于我国目前不同等级高速铁路,时速为 250 km 铁路隧道净空面积可由目前 92 m^2 优化至 80 m^2;时速为 300 km 铁路隧道净空面积可由目前 100 m^2 优化至 86 m^2;时速为 350 km 铁路隧道净空面积可由目前 100 m^2 优化至 92 m^2。

6.3 仿真分析

6.3.1 计算工况

选取我国高速铁路实际运营时采用的 CRH2、CRH3、CRH380A、CRH380B、中国标准动车组为研究对象。其一般计算参数如下:

列车断面面积:11.60 m^2;

列车断面周长:12.74 m;

列车车长:200 m、400 m。

6.3.2 时速 200 km 铁路隧道净空断面分析

1. 单线隧道

列车以速度 200 km/h 通过净空面积为 52 m^2 隧道时,不同隧道长度下的列车车头、车尾 3 s 内气压变化值如图 6—2 所示。

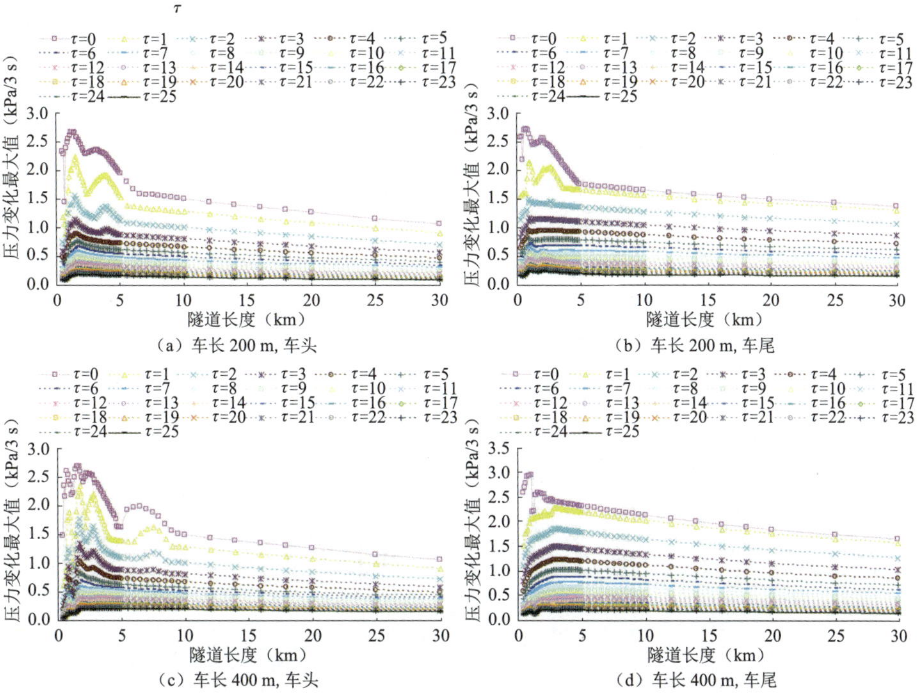

图 6—2 单线隧道单车运行时车内瞬变压力计算结果

2. 双线隧道

列车以车速 200 km/h 在净空面积为 80 m^2 隧道内交会时，不同隧道长度下的列车车头、车尾 3 s 内气压变化值如图 6—3 所示。

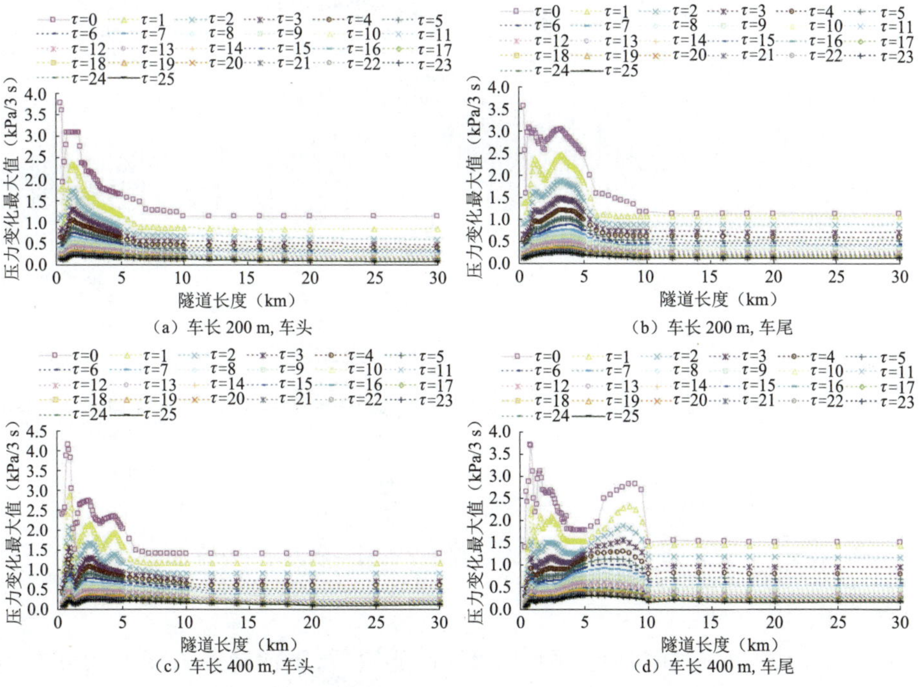

图 6—3 双线隧道交会运行时车内瞬变压力计算结果

3. 隧道净空面积分析

仿真计算结果表明，满足舒适度标准的设计速度 200 km/h 铁路单、双线隧道合理净空面积见表 6—10。

表 6—10　时速 200 km 铁路隧道净空面积

单/双线隧道	车速(km/h)	现有净空面积(m^2)	最大瞬变压力发生位置	动态密封指数(s)	优化后净空面积(m^2)
双线隧道	200	80	车长 400 m，车尾	8	60
单线隧道	200	52	车长 400 m，车尾	8	46(42)

注：表中括号内数据为隧道长度大于 20 km 情况下隧道净空面积。

6.3.3　时速 250 km 铁路隧道净空断面分析

1. 单线隧道

列车以速度 250 km/h 通过净空面积为 58 m^2 隧道时，不同隧道长度下的列车车头、车尾 3 s内气压变化值如图 6—4 所示。

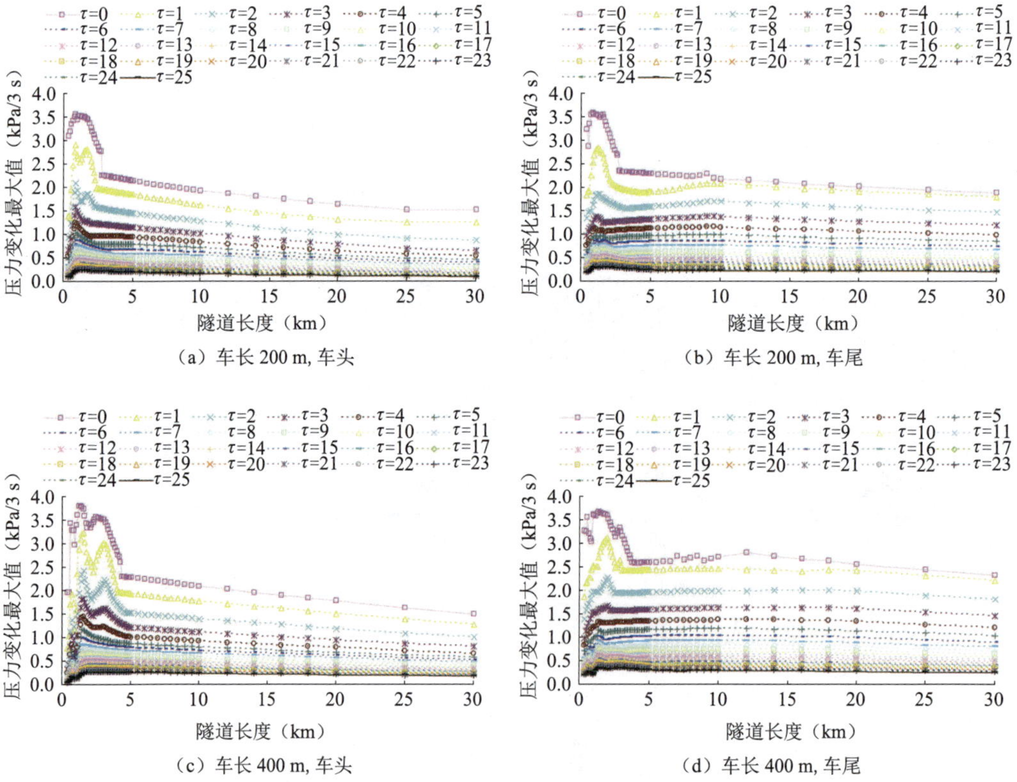

(a) 车长 200 m，车头　(b) 车长 200 m，车尾

(c) 车长 400 m，车头　(d) 车长 400 m，车尾

图 6—4　单线隧道单车运行时车内瞬变压力计算结果

2. 双线隧道

列车以车速 250 km/h 通过净空面积为 92 m^2 隧道时，不同隧道长度下的列车车头、车尾 3 s 内气压变化值如图 6—5 所示。

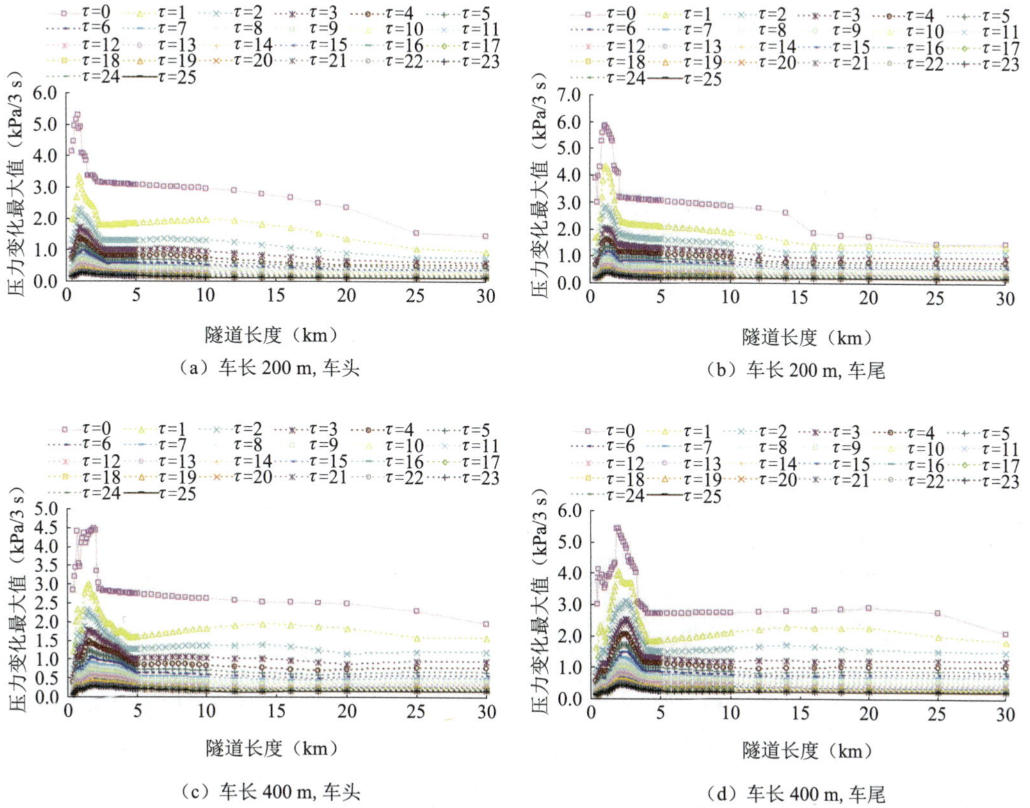

图 6—5 双线隧道交会运行时车内瞬变压力计算结果(车速 250 km/h)

3. 隧道净空面积分析

仿真计算结果表明,满足舒适度标准的设计速度 250 km/h 铁路单、双线隧道合理净空面积见表 6—11。

表 6—11 时速 250 km 铁路隧道净空面积

单/双线隧道	车速(km/h)	现有净空面积(m^2)	最大瞬变压力发生位置	动态密封指数(s)	优化后净空面积(m^2)
双线隧道	250	92	车长 400 m,车尾	10	72
单线隧道	250	58	车长 400 m,车尾	8	54(40)

注:表中括号内数据为隧道长度大于 20 km 情况下隧道净空面积。

6.3.4 时速 300 km 铁路隧道净空断面分析

1. 单线隧道

列车以速度 300 km/h 通过净空面积为 70 m^2 隧道时,不同隧道长度下的列车车头、车尾 3 s 内气压变化值如图 6—6 所示。

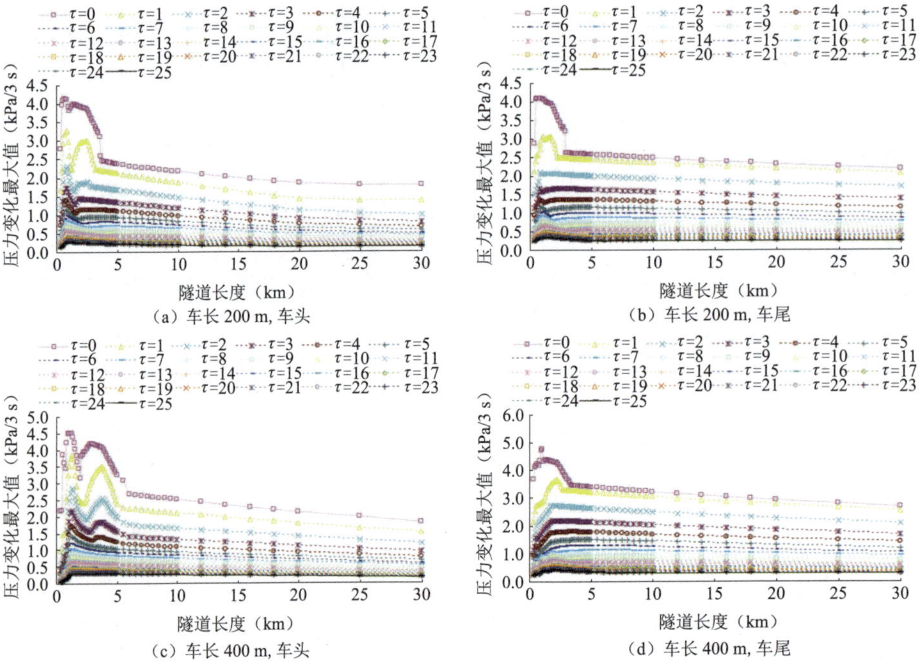

（a）车长 200 m，车头
（b）车长 200 m，车尾
（c）车长 400 m，车头
（d）车长 400 m，车尾

图 6—6 单线隧道单车运行时车内瞬变压力计算结果（车速 300 km/h）

2. 双线隧道

列车以速度 300 km/h 通过在净空面积为 100 m^2 隧道内交会时，不同隧道长度下的列车车头、车尾 3 s 内气压变化值如图 6—7 所示。

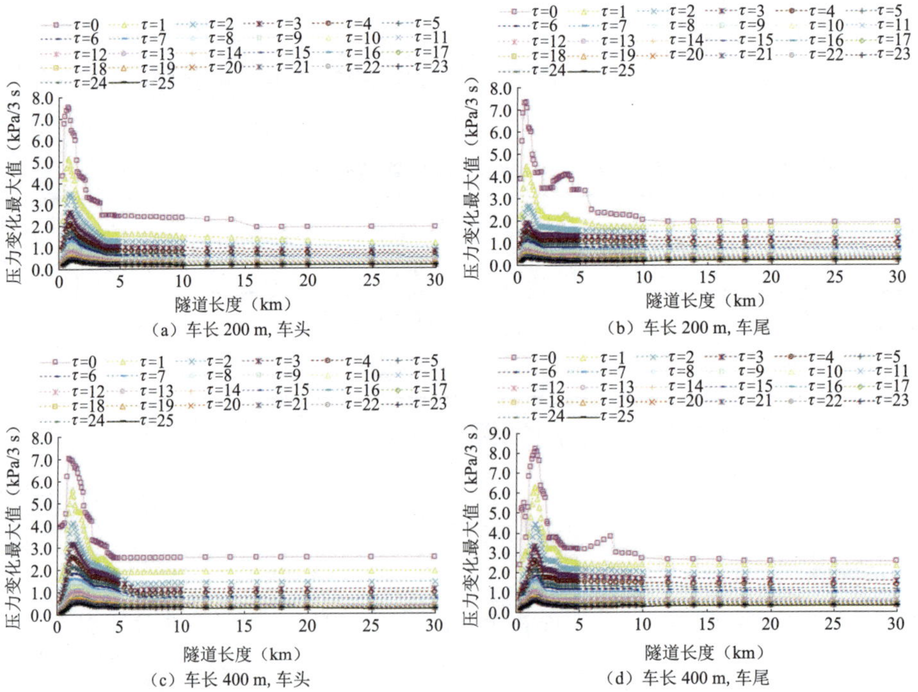

（a）车长 200 m，车头
（b）车长 200 m，车尾
（c）车长 400 m，车头
（d）车长 400 m，车尾

图 6—7 双线隧道交会运行时车内瞬变压力计算结果（车速 300 km/h）

3. 隧道净空面积分析

仿真计算结果表明，满足舒适度标准的设计速度 300 km/h 铁路单、双线隧道合理净空面积见表 6—12。

表 6—12　时速 300 km 铁路隧道净空面积

单/双线隧道	车速(km/h)	现有净空面积(m^2)	最大瞬变压力发生位置	动态密封指数(s)	优化后净空面积(m^2)
双线隧道	250	92	车长 400 m，车尾	12	80
单线隧道	250	58	车长 400 m，车尾	12	62(58)

注：表中括号内数据为隧道长度大于 20 km 情况下隧道净空面积。

6.3.5　时速 350 km 铁路隧道净空断面分析

1. 单线隧道

列车以速度 350 km/h 通过净空面积为 100 m^2 隧道时，不同隧道长度下的列车车头、车尾 3 s 内气压变化值如图 6—8 所示。

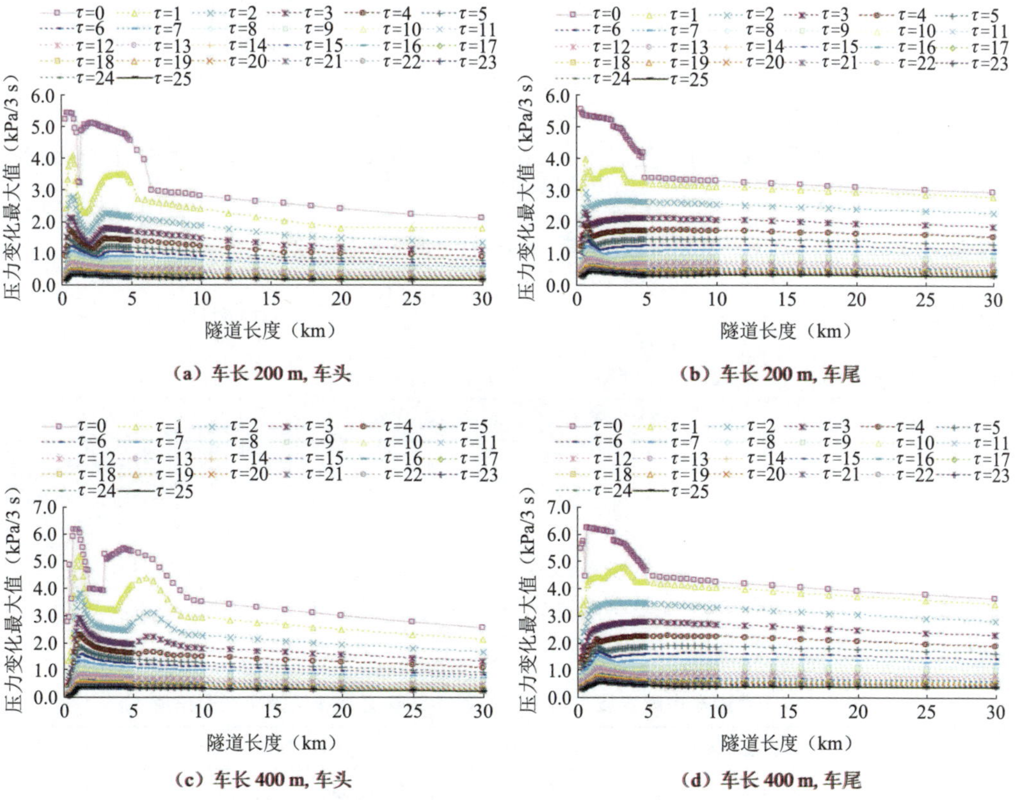

图 6—8　单线隧道车内瞬变压力计算结果

2. 双线隧道

列车以速度 350 km/h 通过在净空面积为 100 m^2 隧道内交会时，不同隧道长度下的列车车头、车尾 3 s 内气压变化值如图 6—9 所示。

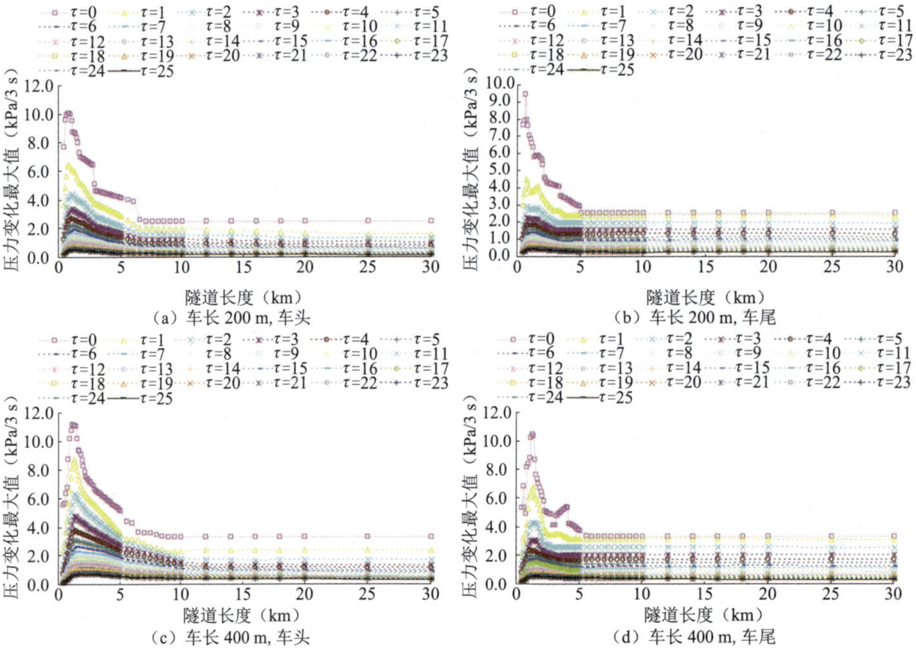

（a）车长 200 m，车头　（b）车长 200 m，车尾
（c）车长 400 m，车头　（d）车长 400 m，车尾

图 6—9　双线隧道交会运行时车内瞬变压力计算结果

3. 隧道净空面积分析

仿真计算结果表明，满足舒适度标准的设计速度 350 km/h 铁路单、双线隧道合理净空面积见表 6—13。

表 6—13　时速 350 km 铁路隧道净空面积

单/双线隧道	车速(km/h)	现有净空面积(m^2)	最大瞬变压力发生位置	动态密封指数(s)	优化后净空面积(m^2)
双线隧道	350	100	车长 400 m，车尾	15	90
单线隧道	350	70	车长 400 m，车尾	15	62

6.3.6　高速铁路隧道净空面积优化的结论和建议

仿真分析结果表明，采用我国单线单车 0.80 kPa/3 s、双线交会 1.25 kPa/3 s 的舒适度标准，考虑车内瞬变压力指标的高速铁路隧道需满足的净空面积值及列车动态密封指数要求见表 6—14。

表 6—14　考虑车内瞬变压力指标的高速铁路隧道需满足的净空面积值

车速(km/h)	列车动态密封指数(s)	需满足的净空面积值(m^2)	
		隧长 20 km 以上的单线隧道	双线隧道
200	≥8	42	60
250	≥10	50	72
300	≥12	58	80
350	≥15	62	90

同时，根据我国高速铁路隧道一般采用双线隧道、长度20 km以上时可能采用分修的单线隧道的实际情况，考虑其他气动效应指标如车体内外压差、微气压波、空气阻力、列车风、气动荷载等的影响，同时考虑与现行隧道净空面积的匹配及一定富余量，高速铁路隧道净空面积建议值及列车动态密封指数要求见表6—15。

表6—15 高速铁路隧道净空面积建议值

车速(km/h)	列车动态密封指数(s)	需满足的净空面积值(m^2)	
		隧长20 km以上的单线隧道	双线隧道
200	≥8	48	72
250	≥10	58	80
300	≥12	64	86
350	≥15	70	92

6.4 本章小结

通过对现有高速铁路隧道气动效应测试成果的总结与系统分析，以及对不同速度目标值、净空面积、长度的隧道气动效应的数值计算分析，各速度目标值隧道净空面积优化建议见表6—16。

表6—16 隧道净空面积参数优化

项 目		单位	速度目标值(km/h)		
			250	300	350
优化前	净空面积	m^2	92	100	100
优化后	最小净空面积	m^2	80	86	92
	车辆动态密封指数	s	≥9	≥12	≥15

7

高海拔地区隧道气动效应影响研究

列车驶入隧道后引起的空气动力学效应变化主要与车速、隧道净空面积、隧道长度、大气参数(大气压力、空气密度、温度、声速或压力波传播速度)有关,随着海拔升高,大气压力、空气密度等均随之降低,列车通过隧道时空气动力学效应也会随之发生改变。如海拔由 0 m 升高至 4 000 m 后,气压较平原地区降低约 39.2% ,空气密度降低约 33.1% 。

我国地势总体呈西高东低走势,随着高速铁路的发展,我国在西部山区修建了越来越多的隧道,目前针对高海拔地区隧道空气动力学特性方面研究较少。朱宝林和管兆勇研究了北半球夏季高原对流层顶气压异常变动的物理机制,结果表明:高原对流层顶气压异常变动与平流层和对流层气温及位势高度异常有密切联系,与地表温度异常也有关系;高原地区对流异常和显著的整层大气非绝热加热差异是高原对流层顶气压异常变动的主要原因。王卫国和孙绩华等人利用经验正交函数分解方法,分析了 1948 ~2004 年青藏高原及东亚邻近区域对流层顶气压场的时空演变结构,得到了高原气压场的主要演变特征。在高原地区气压随海拔高度变化规律上,王宝藏除介绍国内外普遍使用的几个压高公式外,还根据克拉泊龙—门捷列也夫状态方程、静力学基本方程的幂级数近似公式推导出一个比目前已知公式都要精确的压高公式,该公式经 86% 的高原气象台、站测定,误差在 3% 以内。

本章通过仿真计算及现场实测的方式探讨海拔变化对隧道空气动力学效应的影响,为高海拔地区隧道净空断面设计提供技术参考。

7.1 高海拔地区大气参数分析

川藏铁路全线海拔在 3 000 m 以上的隧道共 49 座/647 km,占隧道总长的 76% ;全线海拔在 3 500 m 以上的隧道共 40 座/484 km,占隧道总长的 57% ;全线海拔在 4 000 m 以上的隧道共 16 座/223 km,占隧道总长的 26% ,因此对高海拔地区隧道空气动力学效应影响的研究具有重要的意义。川藏铁路雅安至林芝段隧道长度沿海拔高度分布情况如图 7—1 所示。

文献资料分析结果表明,青藏高原最冷月为 1 月,整个藏北高原的气温均低于 -10 ℃,最低温度可达 -25 ℃;最热月为 8 月,高原大部分地区气温仍然介于 5 ℃ ~10 ℃,高温可达到 15 ℃。根据大气铅直平衡假设,气压变化的一般规律为:气压随高度递减。高海拔地区气压由于受到其特殊地形的影响,有其自身特点。川藏铁路气动效应计算中大气密度和气压见表 7—1。

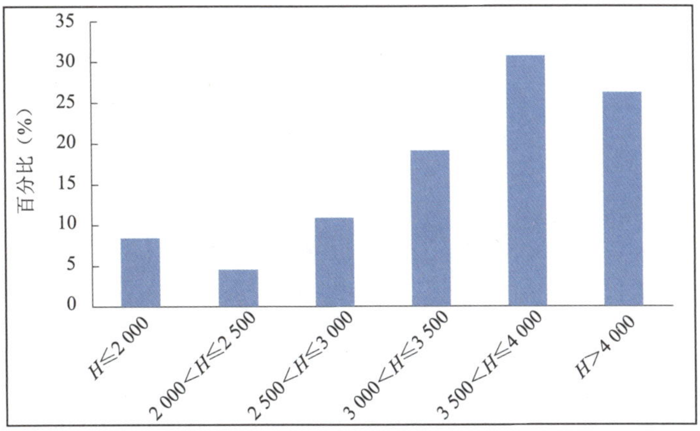

图 7—1　川藏铁路不同海拔高度隧道占比

表 7—1　不同海拔地区空气动力学计算参数

指标 海拔（m）	温度（℃）	气压（kPa）	空气密度（kg/m³）
0	15.0	101.33	1.225 7
2 000	2.0	79.50	1.006 0
3 000	−4.5	70.11	0.909 6
4 000	−11.0	61.64	0.819 6

7.2　海拔变化对气动效应影响

7.2.1　仿真计算模型及方法

1.模型建立

采用 FLUENT 有限元分析软件，建立列车通过隧道及在隧道内交会时的仿真模型，如图 7—2所示。

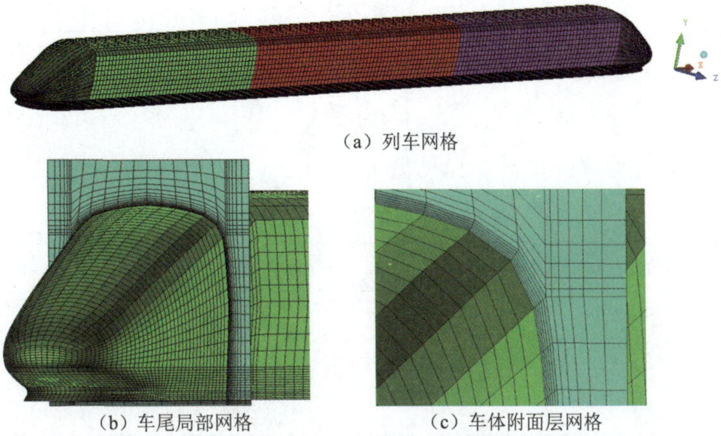

（a）列车网格

（b）车尾局部网格　（c）车体附面层网格

图 7—2　动网格部分

隧道壁面、隧道外的地面以及车体表面均设置为固定壁面边界;开阔空间边界条件设置为压力远场边界;将静止网格区域与动网格区域进行数据传递的边界分别设置成 Interface 类型,组成 Interface 对;隧道出口端开阔空间边界条件设置为压力出口;车内压力求解采用时间常数模型,气密指数 τ 定义为:$\tau = -\Delta p(t)/(\mathrm{d}p_{in}/\mathrm{d}t)$,假设车外压力 p_{out}是已知的,可得求解车内压力 p_{in}的公式:

$$p_{in}(t_2) = p_{in}(t_1)\mathrm{e}^{-\frac{t_2-t_1}{\tau}} + \left(1 - \mathrm{e}^{-\frac{t_2-t_1}{\tau}}\right)p_{out} \tag{7—1}$$

式中,Δp 为车厢内外压差,$\Delta p = p_{in} - p_{out}$;$t$ 为时间;p_{in}为车内压力;p_{out}为车外压力。

2. 模型验证

选取武广高速铁路某隧道实车试验数据来验证本章数值仿真结果的合理性和程序的准确性。列车为 CRH2 型动车组,图 7—3 为 CRH2 型动车组通过时隧道进口内 50 m 压力时程曲线对比,表 7—2 为壁面气动荷载结果对比。由图 7—3 及表 7—2 可知,数值仿真结果和实车试验数据两者吻合较好。

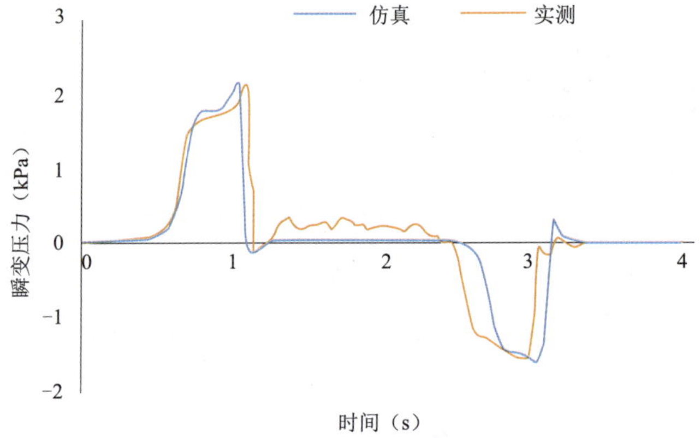

图 7—3 仿真计算与实测数据对比

表 7—2 仿真计算与实车试验结果对比(列车通过隧道时)

车　　型	速度(km/h)	隧道壁面气动荷载(kPa)
仿真计算	350	3.55
实车试验	351	3.71
相对误差	350	4.51%

3. 计算参数选取

高海拔地区隧道气动效应计算工况见表 7—3。

表 7—3 列车与隧道基本参数

类别	长度(m)	截面积(m^2)	车速(km/h)	海拔高度	坡　　度
列车	200	11.95	200	—	—
隧道	1 221	81.37	—	0、1 000、2 000、3 000、4 000	0
隧道	10 000	81.37	—	3 000	5‰、10‰、15‰、25‰、30‰

7.2.2　隧道海拔高程对气动效应的影响

1. 海拔变化对舒适性的影响

当海拔高度为 3 000 m 时，列车以速度 200 km/h 在隧道内交会时，隧道壁面及车体表面压力云图如图 7—4、图 7—5 所示，车内外压力变化如图 7—6、图 7—7 所示。

图 7—4　隧道壁面压力云图

图 7—5　车体表面压力云图

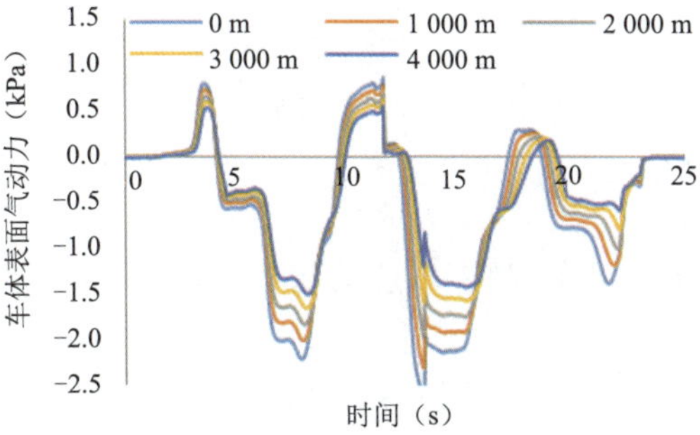

图 7—6　车外压力变化曲线

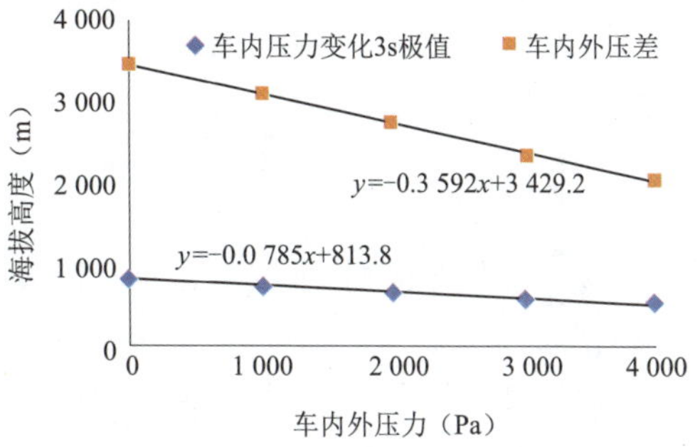

图 7—7　车内压力变化及车内外压差与海拔关系

从图中可以看出，随着海拔的升高，相同类型两列车在隧道内交会时，车内压力及车内外压差基本随着海拔的升高而减小，且与海拔高度近似成线性关系，表明海拔提高有利于提高运营列车的舒适性。

2. 海拔变化对微气压波的影响

动车组以速度 200 km/h 通过长度、洞口型式相同隧道时，不同海拔高度处隧道进口 50 m 处压力波首波梯度曲线如图 7—8 所示，首波梯度与海拔关系如图 7—9 所示。

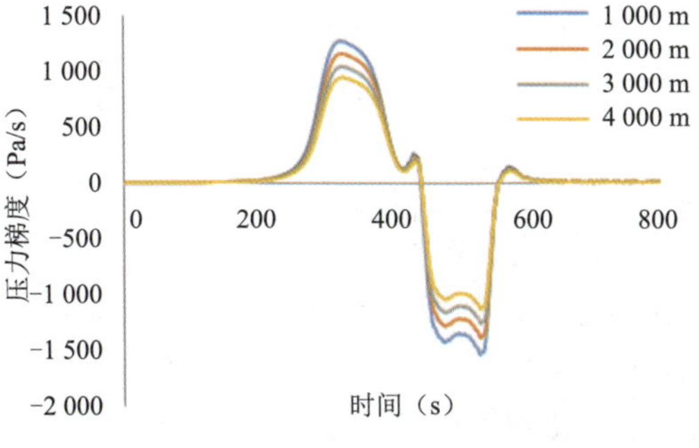

图 7—8　不同海拔高度压力波梯度曲线

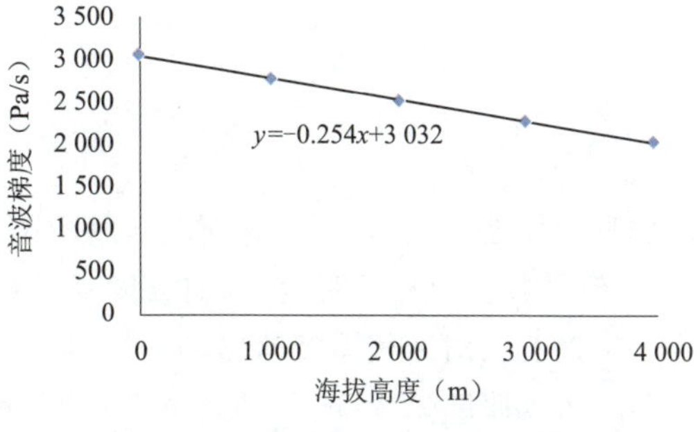

图 7—9　压力波梯度与海拔关系曲线

仿真结果表明，随着海拔的升高，列车进入隧道时产生的压力波首波梯度随海拔升高逐渐减小，海拔 4 000 m 处压力波首波梯度较 0 m 处减小 44.96%，海拔升高有利于缓解隧道洞口微气压波。

7.2.3 隧道内坡度变化对气动效应的影响

1. 坡度变化对舒适性的影响

隧道长度 10 km，隧道进口位于 3 000 m，隧道内坡度分别为 5%、10%、15%、25%、30% 情况下，动车组以 200 km/h 速度在隧道内交会时车体表面压力曲线如图 7—10 所示。

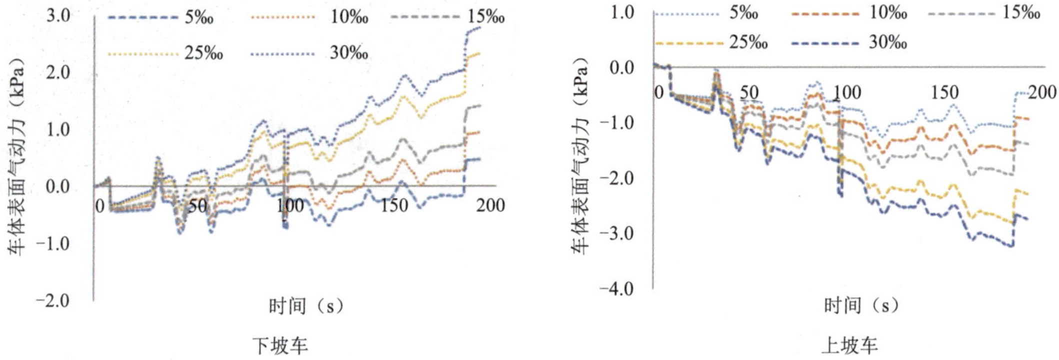

图 7—10 坡度不同工况下车体表面压力时程曲线

仿真计算结果表明，坡度变化对车体表面气压影响显著，随着坡度的增加，车体表面气动力逐渐增大。

不同坡度情况下车体表面气压、车内外压差、车内压力变化 3s 值与坡度关系曲线如图 7—11所示。

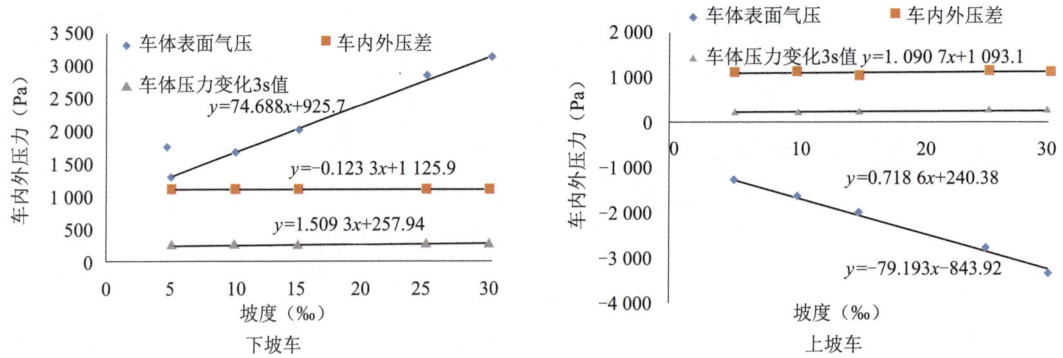

图 7—11 坡度不同工况下车内外压力变化与坡度关系曲线

仿真计算结果表明，车体表面气压基本随坡度增加成线性增加，但车内外压差及车内压力变化 3s 值受坡度影响不明显，表明坡度变化对乘客乘坐舒适性影响不明显。

2. 坡度变化对微气压波的影响

动车组以速度 200 km/h 通过长度 10 km、洞口型式相同隧道时，不同坡度隧道进口内 50 m处压力波首波梯度曲线如图 7—12 所示，首波梯度与坡度关系如图 7—13 所示。

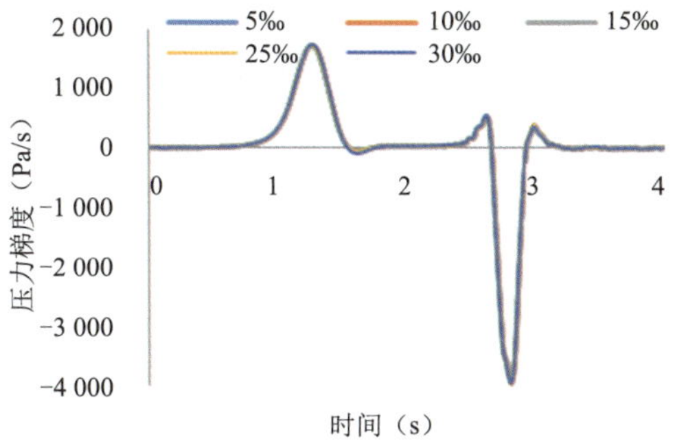

图 7—12　不同坡度情况下压力波首波梯度曲线

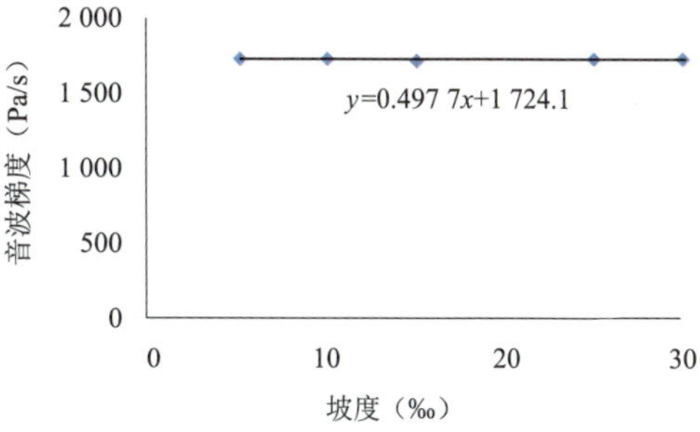

图 7—13　压力波首波梯度与坡度关系曲线

仿真分析结果表明，当进口海拔高度相同，隧道内坡度变化对列车进入隧道时压力波首波梯度影响不明显，表明隧道内坡度变化对洞口微气压波影响不明显。

7.3　现场实测

现场选取了高海拔地区长度相近、海拔高度不同的两座隧道测试数据进行分析，两座隧道具体参数见表 7—3。

表 7—3　隧道参数

隧道名称	隧道长度（m）	净空面积（m^2）	高程（m）
1 号隧道	8 755	42	3 570
2 号隧道	8 700	42	3 070

动车组以相同速度驶入隧道时，两座隧道洞口压力波首波梯度见表 7—4。

表 7—4　压力波首波梯度计算结果

隧道名称	压力梯度（kPa/s）
1 号隧道	2.24
2 号隧道	2.42

测试结果表明，随着隧道海拔的提高，压力波首波梯度减小，1 号隧道洞口压力波梯度较 2 号隧道减小了 7.4%，试验结果表明海拔提高有利于洞口微气压波的缓解。

7.4　本章小结

本章基于仿真计算及现场试验，研究了隧道海拔高程、坡度对车内外压力、压力波首波梯度的影响特性，得出了以下结论：

（1）随着隧道海拔的提高，车内外压力的最大正、负压值逐渐减小，海拔提高有利于提高运营列车的舒适性。

(2)车体表面气压基本随隧道内坡度增加成线性增加,但车内外压差及车内压力变化 3 s 值受坡度影响不明显,表明坡度变化对乘客乘坐舒适性影响不明显。

(3)随着海拔的升高,列车进入隧道时产生的压力波首波梯度随海拔升高逐渐减小,海拔 4 000 m 处压力波首波梯度较 0 m 处减小 44.96% ,海拔升高有利于缓解隧道洞口微气压波。

8

地下车站气动效应

8.1 地下车站发展现状

随着生活水平的提高,人们需要一种便捷、高速、环保、舒适的出行工具,高速铁路日益成为人们首选的城际交通方式。但是由于目前城市用地的逐渐紧张及居民对铁路噪声和城市环保的要求日益提高,在城市中心修建铁路越来越难。而地下空间的开发使得城市可以更好地可持续发展,因此修建地下车站将逐渐成为铁路交通发展的新趋势。将车站置于地下,地上作为城市中心广场或作为花园绿地,能够美化城市环境,减少城市土地占用,增加城市公共区域面积,符合现代城市可持续、和谐的发展理念。此外,修建地下车站与机场、地铁车站等交通枢纽连接能够便捷旅客交通,实现零换乘。美国等发达国家的地下空间的利用已经初具规模,近年来,我国城际轨道及铁路建设也发展迅速。地下车站正逐渐成为交通发展的未来。

19 世纪的英国建造了最早的地下火车站,主要应用于城市地铁系统。2006 年 5 月 26 日开通的德国柏林新中央火车站是第一个真正意义上的地下火车站,开创了大型铁路客站设于地下的先河。德国之后又设计建造了许多地下火车站,地下火车站的建造节约了城市的宝贵的建筑用地。德国地下火车站一般为通过式火车站,这种车站能够省去繁杂的调车程序,加速火车运行。法国建造了法兰克福金融和展览中心火车站、巴黎马让达地下火车站、巴黎奥斯曼·圣拉扎地下火车站等地下车站。法国地下火车站站区一般位于重要的商业中心区地带,为地面部分开发提供了便利。

中国台湾桃园站是世界上第一个高速列车驶过站体及其邻接隧道的地下车站。桃园站有四条平行轨道,站端连接两条隧道。从桃园站出发或到达桃园站的列车通过两条外轨道,时速 300 km/h 直达车通过两条内轨道。站内设有岩墙以缓解高速列车行驶过程中产生的强大气流及气动压力对乘客的影响。海口美兰机场地下车站设置在机场地下,是国内首个乘客可以下飞机后直接进入地下轻轨,也可以出轻轨后直接上飞机的车站。该工程的建设不仅使人们的出行更加便捷,还完善提高了城市的交通系统。美兰机场隧道全长 4 600 m,隧道采用明挖法施工。其中海口端隧道长、渐变段长、地下车站、三亚端渐变段长、三亚端隧道长分别为 1 430 m、287 m、230 m、287 m 和 236 m。隧道设计最高时速 250 km,其中部设有地下车站,车站段长度为 804 m,为双岛式布置,共设置两条到发线和两条正线。车站地下一层为站厅层,地下二层为站台层。站台层设有两座岛式站台,站台有效长度为 230 m。站台层层高8.05 m,满足接触网限界及排热风道高度要求。站台层两侧设站台门,保证乘客安全。福田地下火车站是我国第一座大型的、国铁与城轨接驳的地下车站。车站建造时,深圳市中心几乎全部为建成区。福田地下车站节约了地面空间,使广深港铁路客运专线得以进入深圳城区。车站总长 1 120 m,宽 80 m,是集高速铁路、城际铁路、城市轨道交通、公交以及出租等多种交通设施于一体的综合交通枢纽。车站共设 8 线 4 站台,为地下三层车站。车站地下一层为广深港客运专线与地铁2、3、11号线的换乘大厅,地下二层与轨道交通1号线、2号线、3号线、4号线、穗莞深城际线等城市轨道连接,地下三层为广深港客运专线"D"字头动车组所运行的轨道。京津城际于家堡站地处天津市滨海新区于家堡中心商务区北端,车站站房主体结构为地上一层、地下三层。地下一层为候车室,地下二层和三层为城际列车及地铁站台。主体功能部分主要建立在地下空间,是一座大型的地下综合交通枢纽。旅客可在此实现地铁、公交和铁路等交通工具的零换乘。八达岭地下车站位于京张高速铁路新八达岭隧道内部,是一座全埋于地下的车站。新八达岭隧道全长12 010 m,为双线隧道,设计速度250 km/h,车站起点里程DK67+815,车站设计终点里程DK68+285,车站全长470 m,站内设有四条轨道线路,其中两侧两条为到发线,到发线有效长度430 m,中间两条为过站轨道,列车将以250 km/h的速度通过,到发线与过站线之间采用岩墙隔开。京霸高速铁路北京大兴机场地下车站小里程端隧道长度为476 m,隧道入口断面积为90 m^2,列车设计时速250 km;大里程端隧道长度为377 m,隧道入口隧道断面积为100 m^2,列车设计时速为350 km。车站含两端咽喉区长度为1 158 m,站台长度为450 m。其中,正线两侧分别设有长度为817 m以及长度为953 m的隔墙与站台停车区域隔开。

8.2 地下车站特点

地下车站两端连接隧道,一般由站台、站台门、到发线、岩墙、快速轨道等主要部分组成。地下车站的站台可以分为岛式站台、侧式站台与混合式站台三种。岛式站台,又称中置式站台或中央站台,站台设在上下行线路中间。侧式站台,也称岸式站台,常成对使用,因此又称为"相对式站台"或"对向式站台",是指线路在中央,而站台设计在左右两侧。

地下车站作为地下空间,具有自身独特的特点。首先,地面车站为开敞空间,而地下车站则为相对封闭的空间。铁路专线一般运行速度较快,其在地下车站内引起的空气空力学问题尤为突出。例如,当列车进入地下车站时,站台内的列车风较大,对车站工作人员和乘客造成影响,需要重新确定站台的安全距离;列车运行过程中的空气阻力会增大;列车车厢内压力波动会变大;列车进入隧道产生的膨胀波和压缩波会导致隧道空气压强增大,对站台上的站台门等设施造成低应力高周疲劳损伤等。因此,在地下车站站台设计和站台门设计时都要考虑空气动力学的影响。

此外,地下车站相比于地上车站更加封闭,当火灾发生时,烟气需要通过专用的通道或设备排到地面,人员也需要先通过专用的楼扶梯疏散到地面。这就增加了疏散的速度和难度,容易造成人员的恐慌,不利于人员逃生避难。地下车站内空间相对封闭,人流量较大,面对火灾、爆炸等突发灾害很难迅速有效地疏散大量人员。因此,地下车站在这一方面危险性更大,容易造成群死群伤及给社会带来财产损失。在修建地下车站时,需要着重注意火灾疏散通道的设计建造。

同样作为地下建筑,相比于地下地铁车站,地下火车站具有站内列车行驶速度更快,车站规模更庞大,人流量大等特点。地下火车站站台规模庞大,客流密集,全天候运行。相比于地铁车站的列车遇站即停,地下火车站过站不停车,列车高速通过车站,因此会引起一系列的空气动力学问题及对旅客及工作人员的安全造成威胁。

8.3 地下车站气动效应研究现状

列车高速通过地下车站时，会在车站内产生明显的压力波动，随着列车车速的提高，引起的空气动力学效应会越来越明显。地下车站引起的空气动力学问题日益引起研究人员的关注。

世界上首个高速列车驶过站体及其邻接隧道的地下车站的是中国台湾的桃园车站。研究人员对高速列车通过地下车站时站台的气动效应进行了相应的分析。在设计过程中，研究人员对高速列车气动效应对站台的影响和隧道出入口的微气压波进行了分析并将车站的气压舒适度及隧道口微压波噪声污染作为车站和站台环控系统正常运营状态的首要因素来考虑。此外，研究人员还根据国外已有相关标准给出了站台乘客感觉舒适的标准。桃园站的舒适压力环境标准为压力变化之上升速率大于 400 Pa/s，总压力变化应不超过 690 Pa，安全压力为 10 kPa。参考日本和德国的先例，研究人员将微压波标准确定为声震在出口外之接收点的压力变化应低于 20 Pa。此外，赵小华等还对站台火灾烟气排放和隧道火灾临界速度进行了研究。

中铁二院工程集团有限责任公司于2005 年成立了“高速铁路车站隧道空气动力学效应及工程对策研究”科研项目，着重研究海南东环线美兰机场高速地下车站隧道空气动力学相关问题。研究人员查阅大量国内外相关研究资料后对最高时速 250 km 的美兰机场高速铁路车站隧道气动效应及缓解措施进行了深入研究。参考日本、美国、德国、英国及国内铁路运营列车建议舒适度标准，拟定美兰机场高速地下车站的相应舒适度标准为 3 kPa/3 s，站台风速标准为 5 m/s。洞口缓冲设施通过高速列车—隧道试验平台的模型试验选取，确定洞口为带 U 形槽的五孔缓冲结构，隧道洞身减压竖井开口率为 10% 。隧道设置 4 座竖井。研究人员对美兰机场车站隧道进行了数值模拟计算，计算了站台门不同开闭状态的情况，对车站气动效应进行了分析。

王英学等对美兰机场地下车站进行三维数值分析，研究了列车在地下车站会车时的压力变动特性。研究表明，数值计算能够较好地模拟压缩波产生、传播及会车引起的压力波动；列车经过竖井后，会形成二次压缩波；减压竖井能够使地下车站压力峰值降低 10% 左右；设置竖井后，车速为 250 km/h 时，车站站内的压力波动满足瞬变压力标准 3 kPa/3 s；喇叭口过渡段的存在可以有效降低压力变化率，但是对于降低压力峰值效果不明显；设置喇叭形过渡段的地下车站在会车过程中不会形成较大的负压和正压。

韩华轩等参考美兰机场地下车站的部分设计参数，应用西南交通大学的发射式高速列车模型实验系统，对站台门各种工作状态下高速列车在隧道内运行及进入车站时给隧道中部设置的地下车站产生的气动压力的变化规律进行了研究。研究表明，站台设置站台门以后，压力较小情况为正线一边站台门开启其余封闭和正线一边站台门封闭其余开启，压力最大情况为正线站台门全部关闭；设置站台门后，压力波动的剧烈程度与车站内有效压力空间的大小有关，站台压力波动最大的是全部站台门封闭且站内停靠 3 列车的情况；在喇叭口形地下车站里，无论站台门处于哪种状态，车站内的压力峰值和压力波动均小于隧道内，首波压力峰值可低于隧道内 20% 以上，列车经过时的压力峰值要低于隧道内 50% 左右；站内列车的停靠会减小列车进站的有效泄压空间，停靠列车越多气动效应越明显。

韩华轩和王英学对隧道长度对地下车站空气动力学效应的影响进行了研究。研究表明，对于地下车站内气动环境，存在不利隧道长；站内负压极值、风速极值及瞬变压力极值关于车站隧道长度非单调变化，站内气动环境不一定随着隧道长度的减小而改善；地下车站内压力波动主要是由列车突入隧道时的首波、车站隧道两端洞口反射波到达车站时和列车越站时产生，并且它们会互相叠加，引起不利的气动效应；建议车站单侧隧道长度不要小于 600 m，适当延长隧道长度，对站内气动环境更有利，理想隧道长度为 1 000 ~ 1 500 m，但应注意的时，车站隧道的不利长度应该是在一个范围内，这个范围需要在考虑波在站内不同位置叠加的基础上进行大量的推导和验证，上面给出的车站隧道不利长度是在车站中心位置波的不利叠加基础上进行的，简化了推导。

郑长青等也对美兰机场地下车站站台门系统的气动效应影响进行了分析，提出了车站隧道气动效应的评判标准，为美兰机场地下车站站台门开启方式及强度设计提供了依据。

王建仓对京张高速铁路八达岭地下车站进行了数值模拟计算。计算结果表明，站中会车时站内气动效应最明显；屏蔽口的设置可以有效降低站台位置的气动效应，但会使得车站中过站线位置的气动效应恶化；泄压井的设置可以有效降低地下车站站台部位的压缩波峰值、瞬变压力值及站台风速值等影响站台乘客人身安全和舒适性的指标，但是列车高速通过泄压井设置位置处时会产生二次压缩波；岩墙的设置可以明显降低站台上的气动效应，对区间隧道内的气动效应影响不大，会使得岩墙中间的正线上的气动效应恶化。

李学伟对京霸高速铁路大兴机场地下车站进行了数值模拟，并将计算结果和合武线试验数据进行对比，验证了其所建模型的合理性。计算结果表明，引起隧道以及地下车站内空间气动效应的最主要原因是列车进入车站前隧道时产生的以近音速向列车前方传播到地下车站内的压力波；高速列车在地下车站内交会时，两车头部的高压区相遇会引起交会位处压力骤然升高；地下车站咽喉部位可以通过增加截面积来减少进站列车所带来的气动压力的影响；当列车经过站台所在截面位置或者列车在附近位置交会时，隔离墙均会将其对站台位置处造成的气动影响降到最低；同时，在列车进入隔离墙内部时，由于截面积减小，使得隔离墙内部气动压力变得恶劣；交会的两辆高速列车所产生的压力波在车站内相互叠加或抵消是影响到发线上站台门位置处气动效应的主要影响因素；让交会的两辆列车以一定的时间差先后进入地下车站，使其产生的压力波的波峰对波谷，会使站台门位置处的气动压力降至最低；当交会的两辆列车以不合理的时间差先后进入地下车站时，会导致站台门位置处气动压力达到极值，增大站台门所受的荷载。

李凌宇也对大兴机场地下车站的气动效应进行了数值模拟。计算结果表明，列车长度越长，站台门的最大正负压力值、最大压力差值和最大压力梯度值越大，气动舒适性越差，气动效应越显著；列车车速越快，站台门的最大正负压力值、最大压力差值和最大压力梯度值越大，气动舒适性越差，气动效应越显著；列车地下车站交会时，相对交会速度越大，站台门的最大正负压力值、最大压力差值和最大压力梯度值越大，气动舒适性越差，气动效应越显著。

马福东等对八达岭地下车站采用站台门和安全门模式时车站气动效应进行了研究。研究发现，不设置站台门时，站内气动效应最不利的工况为列车在车站中部会车，此时，两辆列车产生的首波波峰与波峰叠加，致使站内气动效应最为不利；设置站台门时，列车以中部会车的最不利方式运行，车站中间越行线位置的气动效应恶化；设置安全门时，到发线越行对站台风压作用小，最大压力低于 300 Pa，站台风速在 5 m/s 以下，站内人行通道风速可达 7.5 m/s 左右，但仍在安全范围内。

党明芳对地下车站设置站台门后的空气动力学效应通过模型试验和数值分析进行了研究。研究发现，设置站台门后，站台外压力波峰值和压力波动值会增加；站台门全封闭时压力最大,站内中心点压力峰值可达到3.4 kPa;正线一边站台门开启,其余站台门封闭时站内压力最为有利;在站台门完全关闭的情况下,站内停靠3列车、单列车通过与站内不停靠其他列车、单列车通过,车站内的压力波动有所增加;站内气动参数的增加与车站有效空间的减小具有一定的关系。

黄颖对城际铁路地下车站的空气动力学问题进行了研究。研究表明,在隧道入口段压力峰值随着列车进入隧道长度增加而增大,在隧道稳定段,沿着隧道纵向,压力峰值小幅度较小;隧道内最大压力是隧道会车波与隧道内压缩波和膨胀波叠加的结果;列车车头相遇时,隧道和地下车站内处于压力上升期,出现正压值最大;当列车车尾相遇时,隧道和地下车站内处于压力下降期,出现负压值最大;会车段压力为单车通行时的2倍左右;隧道洞身段,同一横断面内测点压力变化规律大致相同,只有在列车经过测点时,各测点压力出现差别,距离列车距离越近,测点压力越大。其他时间段各测点压力值基本相同。

刘程对列车驶过城际铁路地下站台时的列车风特通过数值模拟进行了研究。研究发现,列车风最大值主要出现在列车经过的时间段内,特别是车头和车尾经过的时刻,此外车尾经过后的一段时间内也会出现较大的列车风;在列车前后方,车风主要是以沿着列车运动方向成分为,在列车侧壁方向,列车风主要是以垂直列车侧壁方向成分为主;车在进站与出站时段引起的列车风较大,对人员的安全影响较大,在列车完全进入车站后,列车风趋于稳定;相对于岛式站台,侧式站台条件下运行列车一侧站台内的列车风风速峰值较大,站台内的分布范围较广,绕流较显著;与半封闭式站台相比,受站台安全门的影响,列车风有所减弱,主要分布在安全门的上部,低于安全门高度的区域列车风很小特别是靠近安全门的区域,风速基本为零,而且随着与安全门距离的增大,列车风逐渐减弱。

8.4 地下车站气动效应机理

地下车站气动效应既具有与隧道气动效应相似的部分,又具有自身独特的特点。列车行驶会对地下车站站台的风环境造成影响。列车由隧道驶入地下车站时,除列车车体排开的空气外,在隧道中产生的压力波以接近声速向前传播到地下车站,在站台内扩散,形成列车风。列车全部进入车站时,列车排开的空气和车尾涡流会对站台风环境造成影响。列车驶出地下车站时,列车风主要由列车头部排开的空气由隧道进入站台形成的喷射流和列车尾部的涡流引起。地下车站断面面积、隧道长度、隧道壁粗糙度、列车长度、列车形状、列车运行速度、阻塞比和洞口自然风风速等都会对列车风造成影响。

两列列车在地下车站内交会时,列车头部的高压区叠加使得交会处的气动压力升高为单列列车通过时的2或3倍。为减弱列车经过时引起的气动效应的影响,地下车站一般设置岩墙将不停站的列车与站台隔离开。列车驶入地下车站前,岩墙对隧道传来的压力波影响较小。列车在地下车站交会时,两侧岩墙间气动压力显著提高。由于岩墙的阻隔作用,站台的风环境所受影响较小。地下车站两侧站台门所受的气动荷载作用基本相同。列车交会时,令两列列车间隔一段时间先后进入地下车站,可以减弱两辆列车叠加产生的总的压力波的峰值。

列车风促进了地下车站、风道和隧道的空气流动,空气的流动能够有效调节车站内的空气质量和温度。但随着列车运行速度的提高,列车风对站台人员的气动作用增强,会影响乘客和工作人员的乘车舒适度,甚至可能会造成站台人员跌落站台,影响乘客和工作人员的人身安全。分析列车风的变化规律和分布特性对保证站台人员的安全具有重要意义。

苏联研究人员通过现场试验测试得到列车通过站台时的列车风风压,确定站台人员允许承受的气动荷载为 20~25 kgf/m^2。据此标准,当列车时速为 200 km 时,站台上人员的安全避让距离为 2.0 m。日本通过现场试验得出风速与侧向距离的关系曲线,规定站台人员允许承受的列车风风速为 9 m/s,并在轨侧设置防护栏。英国用风速作为判定依据,测试了高速列车通过线路侧向不同距离的列车风速,规定站台人员允许承受的风速为 17 m/s。德国和法国均以气动力作为判定依据,规定人体允许承受的气动力为 100 N。

列车驶过地下车站的过程中,列车车头和车尾地下车站经过时列车引起的气动效应最显著。列车前后方的列车风主要沿着列车运行方向,列车侧壁方向的列车风大致垂直于列车侧壁。地下车站进站口和出站口附近风速较大。站台安全门的设立可以减弱列车风的影响,低于安全门高度的区域列车风较小,安全门上部区域列车风相对较大,风速随着于安全门距离的增加而逐渐减弱。地下车站内存在停靠列车时,停靠的列车会减弱列车引起的气动效应对列车停靠一侧站台的影响。

8.5 站台门系统对地下车站气动效应影响分析

站台门系统出现于 20 世纪 80 年代,系统设置在站台边缘,将列车与站台隔离开,在列车到达或离开时能够自动开启与关闭。站台门系统包括滑动门、应急门和端头活动门,滑动门与列车门相对应,列车进站停靠在站台侧时,滑动门和列车门同时开启和关闭。

根据隔墙高度不同,站台门可分为全封闭式和半封闭式两种类型。站台门系统沿车站站台边缘和两端头设置,全封闭式站台门系统由自上而下的玻璃隔墙和活动门组成,半封闭式站台门由上不封顶的玻璃隔墙和活动门或不锈钢篱笆门组成,空气可以通过站台门上部进行流通,促进了站台和区间的通风排烟。站台门系统将站台人员和列车分隔开,避免了乘客跌落轨道的危险,有效保障了候车乘客的安全。

对于采用空调作为主要环控手段的车站,全封闭型站台门系统有效减少了地下车站和隧道内的空气热交换,降低了空调系统的运营能耗,并且还能减少空调机房的建筑面积,更加经济合理。此外,站台门对地下车站结构具有一定的支撑作用,进而减少了车站顶部的支撑结构。列车高速通过地下车站时,会产生较大的活塞风和噪声,设置站台门系统能够有效减少列车风对站台风环境的影响,减弱列车风对乘客的气动压力,避免出现将人员掀倒的现象。此外,没有站台门系统时,往往需要数名乘务员引导乘客在安全位置候车,防止旅客跌落站台。建造站台门系统后,节约了人工成本,降低了车站的管理成本。全封闭式站台门还具有一定的隔音效果,能够降低站台的噪声,提高站台内乘客的舒适性。

8.5.1 站台门设置对地下车站气动效应的影响

为分析站台门设置对地下车站气动效应的影响,选择了某地下车站作为研究对象。

1. 车站未设置站台门

图 8—1 为不设置站台门时某地下车站气压和风速测点布置示意图,计算工况共有三种,分别为通过车站、站内会车和喇叭口会车,通过车站为 1—1、站内会车为 1—2、喇叭口会车为 1—3,车速 250 km/h。

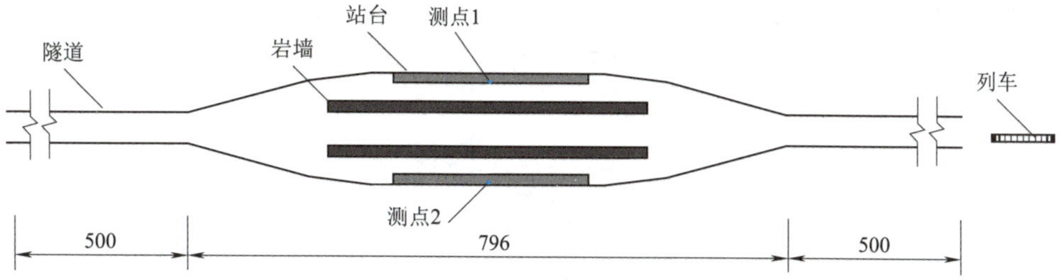

图 8—1 八达岭地下车站站台层平面布置和测点示意(单位:m)

图 8—2 和图 8—3 分别为无站台门时三种工况下测点 1 和测点 2 的峰值压力和站台处列车风最大值对比图。

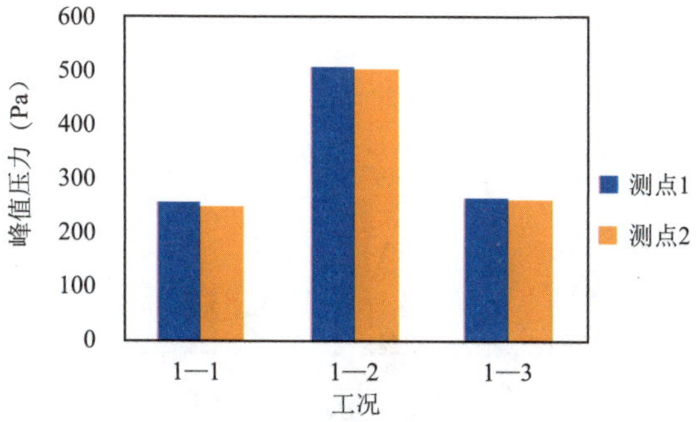

图 8—2 无站台门时站台峰值压力

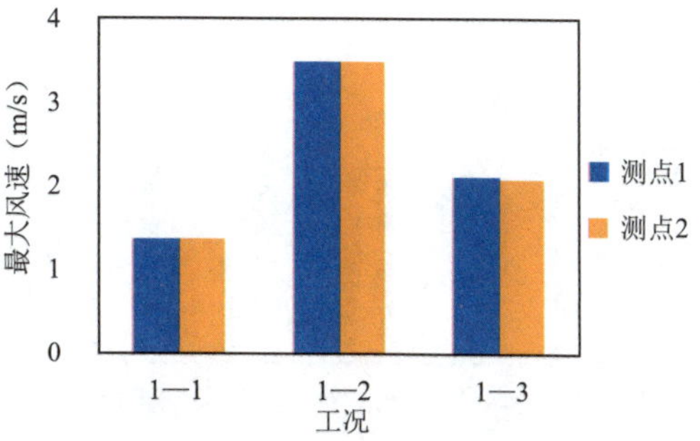

图 8—3 无站台门时站台列车风风速对比图

通过分析三种工况下测点 1、2 处峰值压力及列车风数据,可得出如下结论:

(1)列车在站中会车时,由于两辆列车同时进入隧道,其产生的压缩波峰值也同时传播至车站站台中部位置并产生叠加,使得站中交会工况下压缩波峰值近似为单车通过时压缩波峰值的 2 倍。

(2)列车在喇叭口位置会车时,会车位置所处的断面面积大于站范围内断面面积。此外,两列列车引起的压缩波没有在站台处发生最大波峰值叠加,该工况叠加压缩波峰值仅比单车峰值大 5% 。

(3)三种工况下列车风风速变化规律与峰值压力变化规律类似,站台内会车时风速最大。

2. 车站设置站台门

图 8—4 为设置站台门时八达岭地下车站气压和风速测点布置示意图,

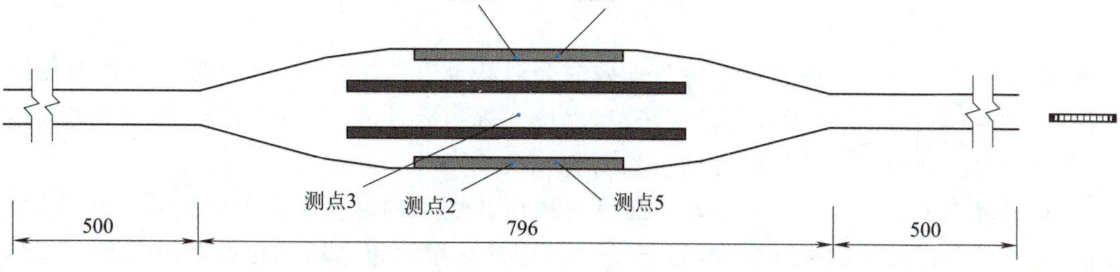

图 8—4 有站台门时监测点布置(单位:m)

站台门全站台布置,长度为 250 m,沿站台边缘靠近到发线一侧布置。到发线停靠列车按照 8 节列车考虑，故设置 8 扇滑动门，门高 2.5 m，宽 3 m，间距 12.5 m。列车运行工况采用气动效应最明显的站内会车工况，列车时速 250 km。

站台门不同开启状态时的计算工况见表 8—1。

表 8—1 站台门不同开启状态计算工况

工况编号	线路左侧站台门	线路右侧站台门
2—1	关闭	关闭
2—2	关闭	打开
2—3	打开	打开

站台门开启状态不同时各测点峰值压力和最大风速对比如图 8—5、图 8—6 所示。

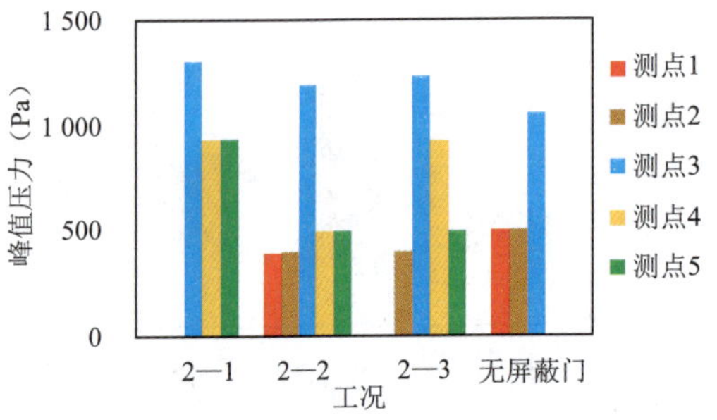

图 8—5 站台门开启状态不同时各测点峰值压力

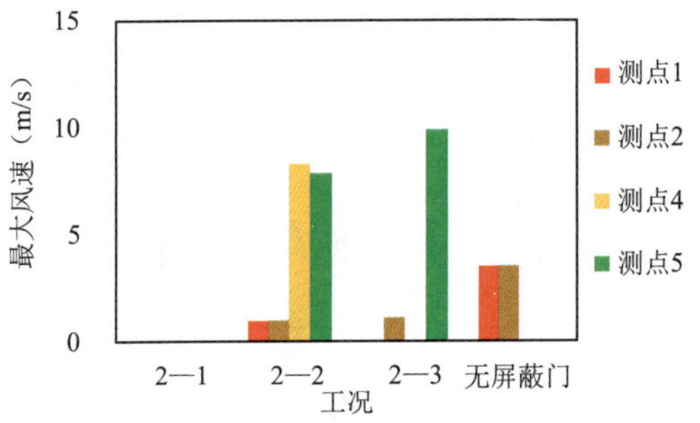

图 8—6 站台门开启状态不同时各测点最大风速

通过分析站台门开启状态不同时不同测点处峰值压力及列车风数据，可得出如下结论：

（1）站台门关闭时，站台位置不受列车高速过站所产生的气动效应的影响。站台上的风速、压力以及站台门处的风速均应为零。

（2）两侧站台门同时关闭时，车站快速通道上的压力值最大，相较于不设置站台门的工况，其压缩波峰值增大约 23.4%，这是由于站台门的设置减少了车站处隧道净空面积，加剧了列车气动效应。

（3）站台门双侧活动门同时打开时站台位置气动效应较不设站台门时弱，由于活动门仅占整个站台门系统很小一部分面积，当站台门活动门打开时，站台和到发线之间仍然被站台门系统其他固定部分所分隔，因此，即使活动门打开，站台门系统的其他部分仍旧能够缓解站台位置气动效应。

8.5.2 地下车站站台门气动荷载及动变形

列车高速通过地下车站时产生的气动效应会对站台门门体产生较大影响。当车头到达站台门测点时，在站台门表面形成一个正压，当车位经过测点时，形成一个负压，列车高速通过地下车站时站台门表面脉动风压时程曲线如图 8—7 所示。

列车通过地下车站时产生的脉动风压及在风压作用下的动变形需要保持在一定范围内，否则会造成站台门门体的破坏，影响行车安全，根据《城市轨道交通站台屏蔽门》（CJ/T 236—2006），地下车站站台门承受的脉动风压不得超过设计气压荷载（±4 000 Pa），全高站台门中部最接近列车构件最大变形量不大于 15 mm。

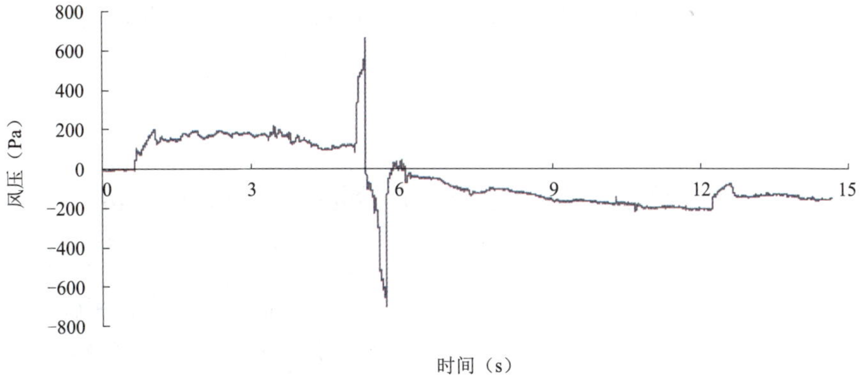

图 8—7 动车组通过地下车站时站台门表面脉动风压时程曲线

本节以某地下车站站台门为对象，分析检测车通过时站台门表面脉动风压及在风压作用下的动变形规律。站台门参数见表 8—2。

表 8—2 站台门参数

车站类型	最高车速（km/h）	门体距站台边缘距离
地　下	176	站台门门体总高度 2.1 m，门体距站台边缘 1 m

1. 站台门表面脉动风压

检测车以不同速度通过车站时滑动门和固定门表面脉动风压变化如图 8—8 所示。

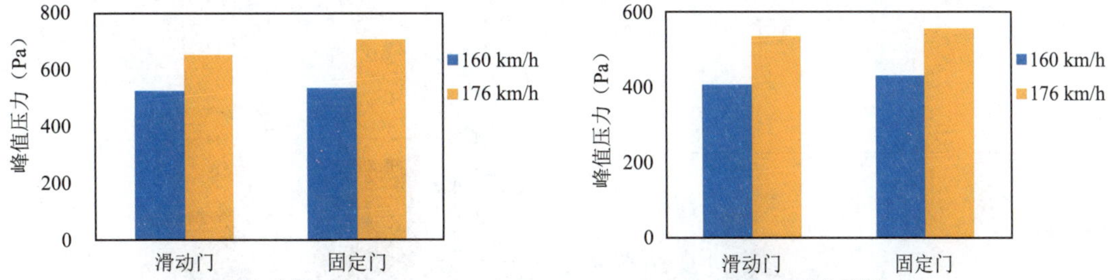

（a）上行　（b）下行

图 8—8 检测车通过车站时站台门表面脉动风压

由图 8—8 可知，检测列车高速通过地下车站站台时，固定门表面脉动风压略大于滑动门。检测车运行速度由 160km/h 提高到 176km/h 后，站台门脉动风压提高约 30% 。

2. 站台门动变形

检测车以不同速度通过车站时滑动门和固定门动变形变化如图 8—9 所示。

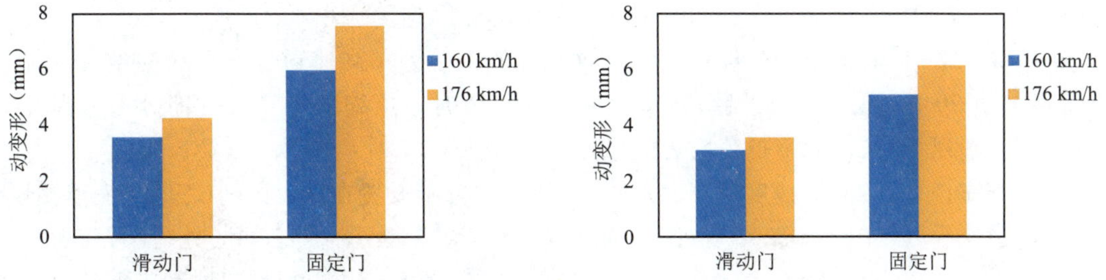

（a）上行　（b）下行

图 8—9 检测车通过车站时站台门动变形

由图 8—9 可知，检测车通过车站时，固定门动变形均大于滑动门，与固定门表面脉动风压大于滑动门规律一致，检测车运行速度由 160 km/h 提高到 176 km/h 后，站台门动变形提高约 20%。

8.6 泄压井对地下车站气动效应影响分析

列车高速通过地下车站时会引起一系列的空气动力学问题，泄压井是缓解高速铁路隧道气动效应的一种有效的手段。列车进入隧道时产生的首波经过泄压井时会有一部分沿泄压井向隧道外部消散，致使泄压井后方区域首波峰值降低，对于泄压井位置前方的首波压力峰值则基本无影响。对比分析有泄压井和无泄压井时地下车站和隧道内不同测点峰值压力变化情况，测点布置如图 8—10 所示，泄压井位于测点 4 处。图 8—11 为不同测点位置有泄压井和无泄压井时的峰值压力，图 8—12 为测点 1 和测点 2 处有泄压井和无泄压井时的最大风速。

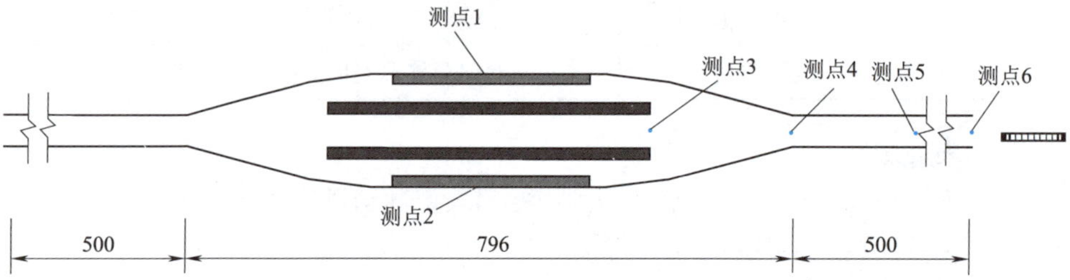

图 8—10 监测点布置（单位：m）

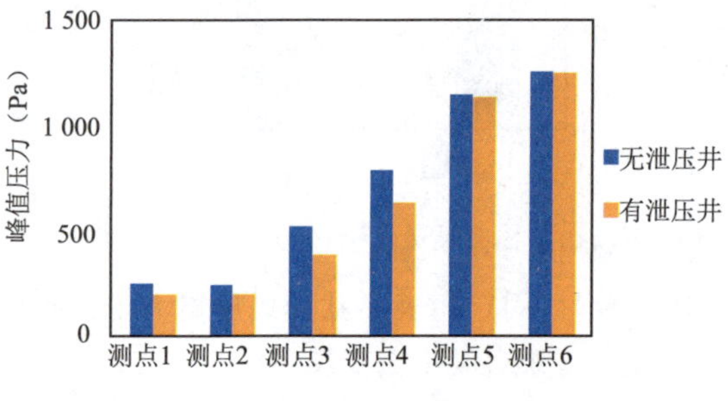

图 8—11 有无泄压井不同测点压力峰值

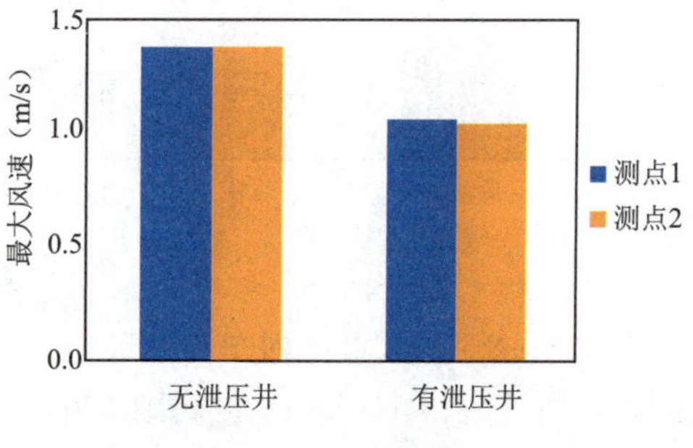

图 8—12 有无泄压井不同测点最大风速值

由图 8—11 中可以看出，泄压井的设置对降低降低泄压井位置后方的瞬变压力有一定的缓解作用，对于泄压井位置前方处的瞬变压力值基本无影响。

由图 8—12 可知，泄压井的设置可以有效的降低由于列车高速通过所引起的站台风速极值，降幅超过 20%。设置泄压井后，列车高速进入隧道时所压缩的空气有一部分沿着泄压井被释放到了泄压井口，从而降低了站内的风速值。

分析列车以 250 km/h 速度单车通过时，将泄压井分别设置在隧道区间（工况 3—1）、地下车站与隧道交界处（工况 3—2）、车站横断面恰好被两道岩墙分割为三部分处（工况 3—3）等位置时站台峰值压力和最大风速变化规律。图 8—13 和图 8—14 分别为三种工况下站台压缩波峰值压力及站台风速。由图可知，泄压井设置在不同位置对站内的气动效应的影响是不相同的，泄压井位置为喇叭口时站台压缩波峰值和站台风速都最小。

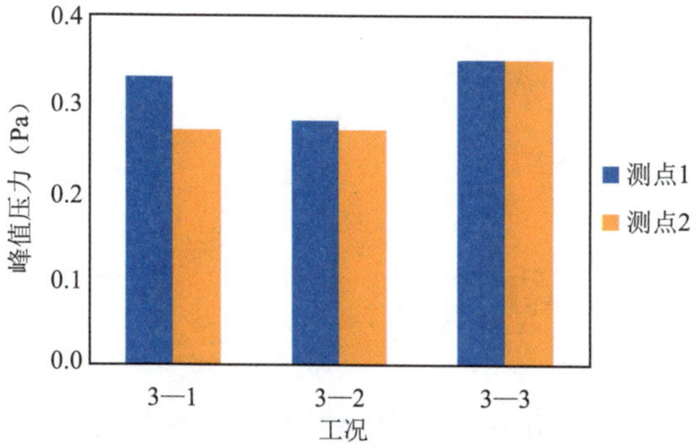

图 8—13 不同工况站台压缩波峰值压力

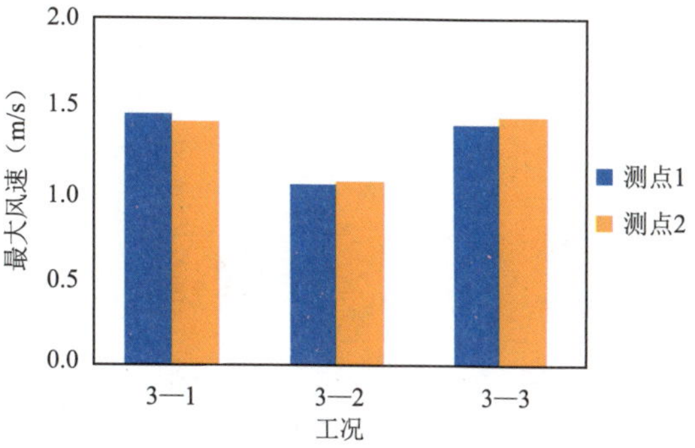

图 8—14 不同工况站台风速

8.7 本章小结

修建地下车站能够节约城市用地,便捷旅客交通。目前欧美等发达国家地下车站发展已经初具规模,随着社会的进步和城市的发展,地面空间日益紧张,我国地下车站建设逐渐增多。地下车站相较于地面车站,空间更加封闭,气动效应更明显。本章介绍了站台门和泄压井的设置对地下车站气动效应的影响。站台门关闭时,车站内部横断面积减少,列车气动效应加剧,站台门上所受的气动压力增大,站台位置不受列车高速过站时的气动效应影响。站台门双侧同时打开时,由于站台门的活动门只占站台门系统较小的一部分面积,因此仍能缓解站台的气动效应。列车进入隧道产生的首波经过泄压井时,会有部分沿泄压井向隧道外部消散。因此,设置泄压井可以降低泄压井及泄压井后方的首波压力峰值,对泄压井前方的首波压力峰值影响不大。泄压井位置为喇叭口时站台压缩波峰值和站台风速值相比于泄压井位于隧道区间及单洞变三洞处都更小。

9

隧道附属设施气动效应

高速铁路轨旁附属设施主要包括信号灯、指示灯、通信电缆支架(边墙)、设备洞室门(边墙)、风机(边墙)、联络通道防护门、水沟盖板、信号设备箱、声屏障等。

隧道空气动力学效应随着列车运行速度的提高而加剧,当列车运行速度达到200 km/h 以上时,这种效应不仅会使乘客的耳膜感到不适,而且还会同时也会对隧道内的设备产生气动波动压力影响。在气动波动压力的反复作用下容易造成附属结构物的疲劳损伤,使用性能下降,从而对附属设施的使用寿命产生影响。

9.1 附属设施气动力影响因素

9.1.1 速度对附属设施气动力影响

图 9—1 为 5 号隧道内水沟盖板、指示灯、隧道灯、电缆卡子、配电箱、镇流器、集线盒、指示牌、照明灯、下锚坠砣等附属设施受到的气动力与列车速度的关系曲线。

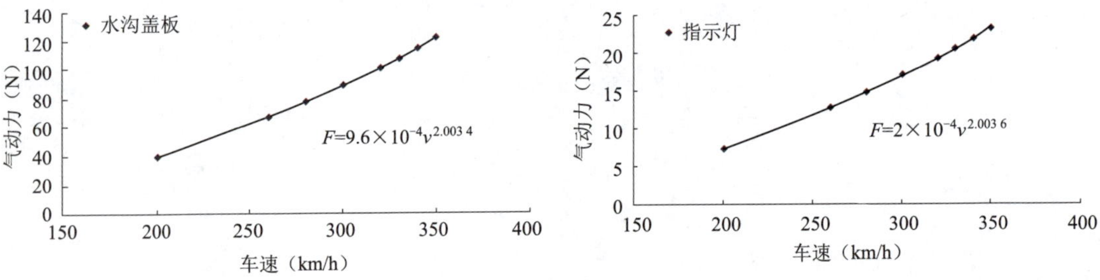

(a)水沟盖板指示灯

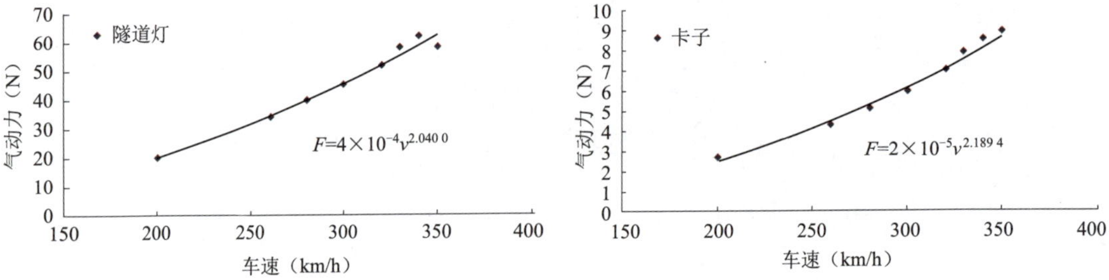

(b)隧道灯卡子

图 9—1

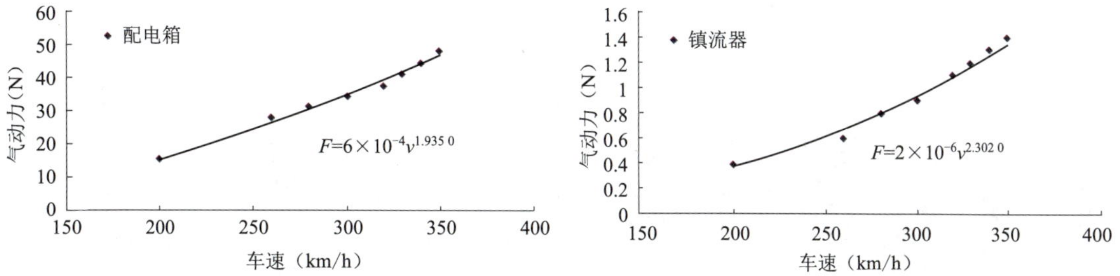

(c)配电箱镇流器

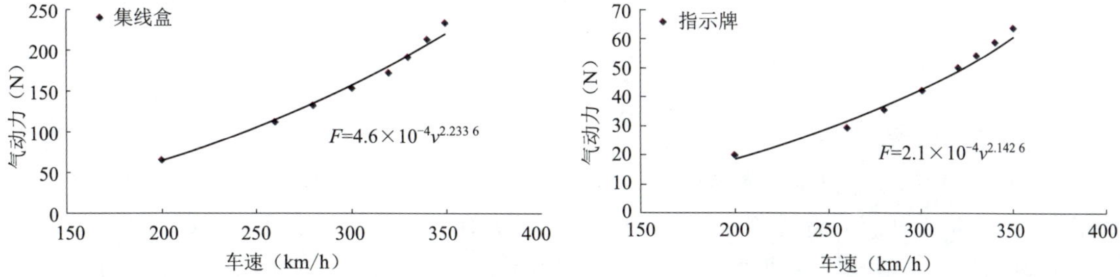

(d)集线盒指示牌

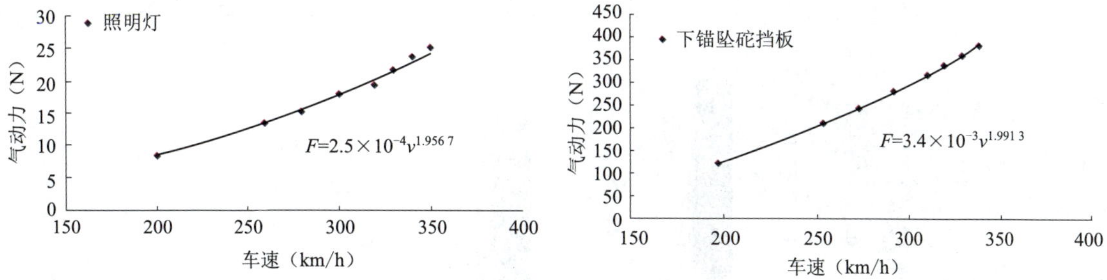

(e)照明灯下锚坠砣挡板

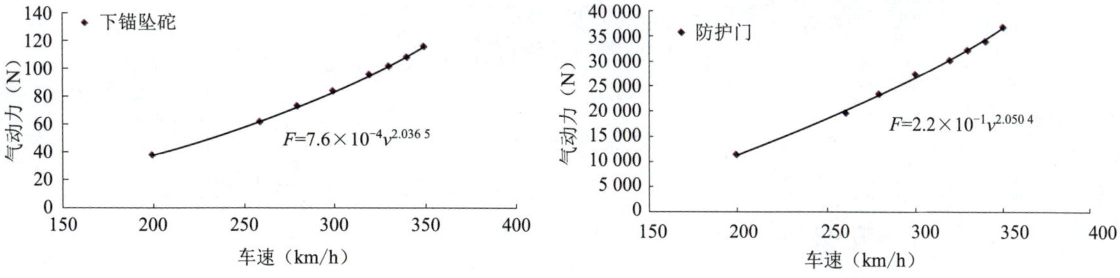

(f)下锚坠砣防护门

图9—1　隧道内附属设施受到的气动力与列车速度的关系曲线

由以上测试数据可知,隧道内附属设施受到的气动力与列车运行速度平方近似成正比关系。

图9—2和图9—3为列车以不同速度通过6号隧道(2 812 m)时隧道内附属设施峰值压力及附属设施上加速度与速度关系图。由图可知,隧道附属设施气动效应与列车速度呈现强相关性。列车由300 km/h提速至350 km/h后,隧道附属设施表面气动力和附属设施上加速度均增大约40%。

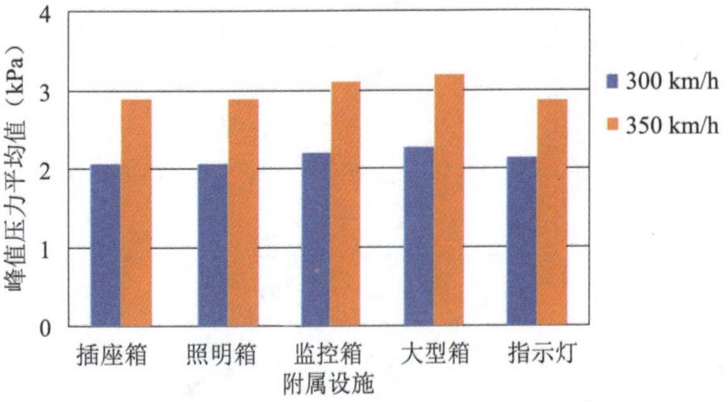

图 9—2 不同速度下附属设施峰值压力(6 号隧道)

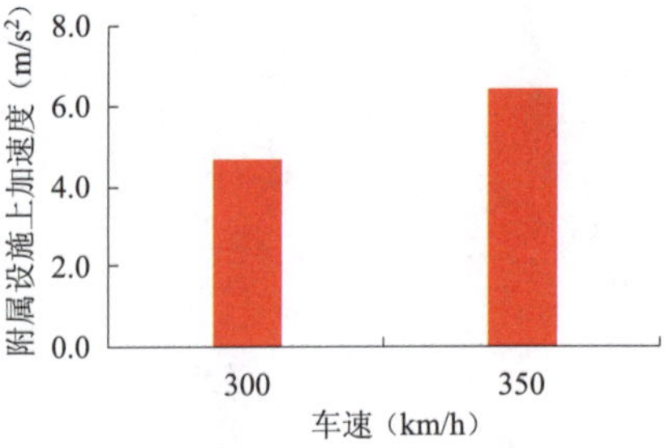

图 9—3 附属设施上加速度与车速关系(6 号隧道)

9.1.2 隧道长度和编组对附属设施气动力的影响

不同车长的列车通过不同隧道时,隧道长度和列车编组对附属设施气动力存在耦合影响。图 9—4 为长编组和短编组列车分别通过 6 号隧道(2 812 m)和 7 号隧道(1 005 m)时隧道附属设施峰值压力值对比。从图中可知,列车通过 6 号隧道时,该隧道长度为长编组列车通过最不利隧道中长编组列车峰值压力平均值大于短编组列车。列车通过 7 号隧道时,由于该隧道长度为短编组列车通过最不利隧道,短编组列车的气动效应较长编组列车更为明显。

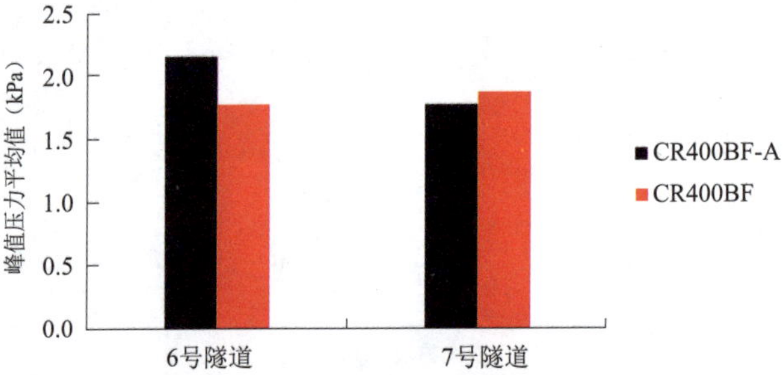

图 9—4 不同隧道附属设施峰值压力值

9.1.3 车型对附属设施气动力的影响

图 9—5 为 6 号隧道内不同车型的列车通过时隧道内附属设施峰值压力值分布图。由图可知,编组长度相同时,不同平台复兴号动车组通过同一隧道时引起的附属设施峰值压力差异不大,车型对隧道气动效应影响不明显。

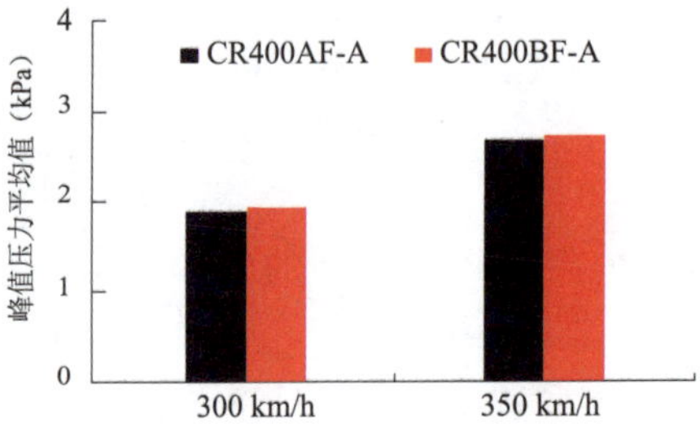

图 9—5 不同车型条件下附属设施峰值压力

9.1.4　季节对附属设施气动力的影响

图 9—6 为不同季节条件下对 8 号隧道洞室门峰值压力的各次跟踪测试结果。从图中可以看出，不同季节附属设施峰值压力仅相差 5%，附属设施动力性能受季节影响不显著。

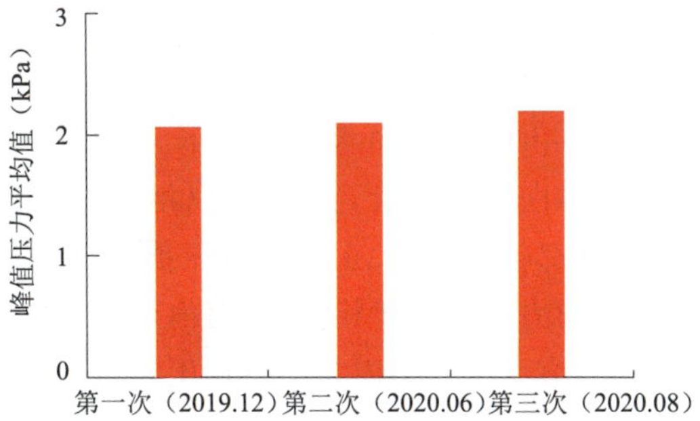

图 9—6　不同季节条件下洞室门峰值压力

9.2　附属设施气动力分布规律

9.2.1　工况介绍

目前已建和拟建的隧道断面积大部分为 100 m^2，针对断面积 100 m^2 的隧道，本节主要分析 978 m 和 2 812 m 两种不同长度隧道在单车通过和中间会车时的气动压力分布。

9.2.2　气动压力沿隧道长度方向分布

1. 列车通过隧道时气动力分布

图 9—7 为 CRH380A 动车组通过隧道时，隧道内气动力沿长度方向分布曲线。隧道内正压值波动不大，一般在隧道入口和出口附近压力较低，中部压力较高。隧道内负压值随速度变化较大，甚至波动一倍以上。负压值分布规律一般也在隧道入口和出口处较小，最大负压值位置与列车车速有关。随着速度的增加，最大负压位置逐步向隧道中心迁移，列车单车通过隧道时隧道内负压最大值位置随车速变化见表 9—1。当列车速度为 350 km/h 时，最大负压为 -4.25 kPa。

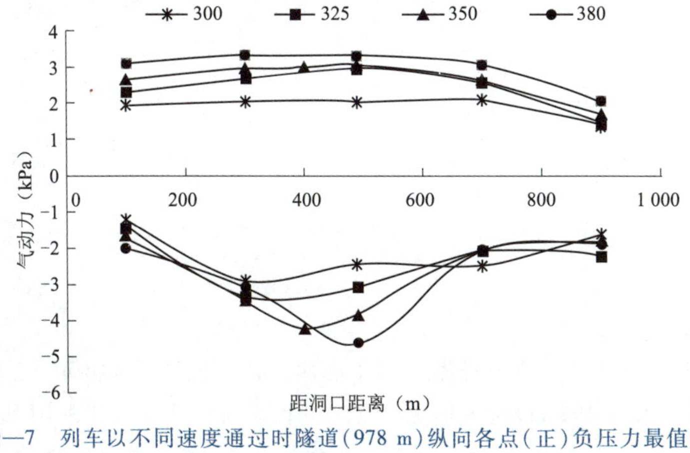

图 9—7　列车以不同速度通过时隧道(978 m)纵向各点(正)负压力最值曲线

表 9—1 单列动车通过隧道时隧道内最大负压发生位置

车速(km/h)	300	325	350	380
最大负压值(kPa)	-2.91	-3.36	-4.25	-4.62
最大负压距入口距离(m)	300	300	400	489

2. 列车在隧道中心交会时气动力分布

图 9—8、图 9—9 分别为 8 编组 CRH380A 动车组在长度分别为 978 m 及 2 812 m 隧道中心交会时,隧道内气动力沿长度方向分布曲线。动车组以相同速度经过不同长度的隧道时,在隧道入口和出口正压值和负压值都较低,最大正压和负压值位置出现在隧道中部。动车组以不同速度在隧道中心交会时,气动力分布规律相似,隧道内正压和负压值随运行速度的提升而增加。隧道中会车处的压力最大值大于隧道内其他位置压力值。

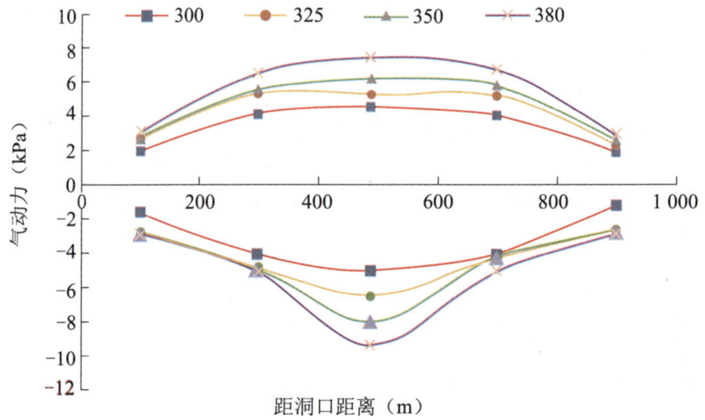

图 9—8 不同速度列车在隧道(978 m)中部交会时隧道纵向各点(正)负压力最值曲线

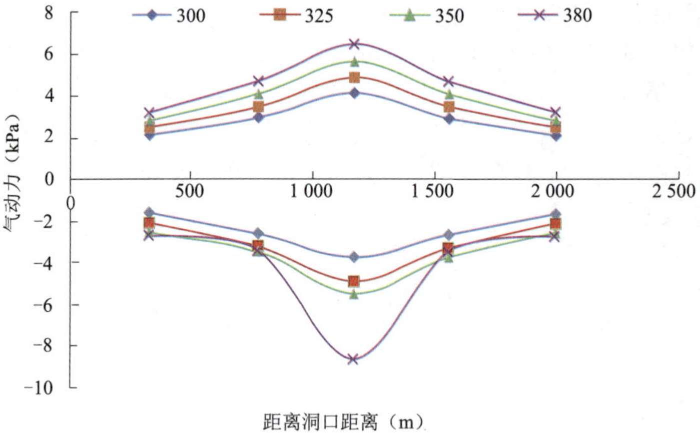

图 9—9 不同速度列车在隧道(2 812 m)中部交会时隧道纵向各点(正)负压力最值曲线

9.2.3 气动压力沿横断面分布

本节主要分析气动压力沿隧道横断面分布规律。计算隧道长 918 m,列车长 200.67 m,选取隧道中间(距隧道入口 498 m)设置监测面。监测面具体布置如图 9—10 所示。测点包括靠近列车一侧底板 1、拱脚 1、拱腰 1,远离列车一侧底板 2、拱脚 2、拱腰 2,隧道中心底板及拱顶。

图 9—11 为单列列车通过时同一断面不同测点气动压力分布图。据图可知,列车进入隧道形成的压缩波首波以面波的形式传播,在隧道截面上均匀分布,隧道横截面上不同测点处正压基本一致。隧道横截面上负压的分布与监测点距离列车的远近有关,靠近列车一侧负压较远离列车一侧负压略大,不同测点负压值差别不大。图 9—12 为列车会车时同一断面不同测点气动压力分布图。由图可知,隧道同一断面不同测点处正压基本一致,隧道中部底板所受负压值最大,隧道中心线两侧对称位置处所受压力基本一致。列车会车时隧道边墙受到的气动压力约为单车通过时气动压力的 2 倍。

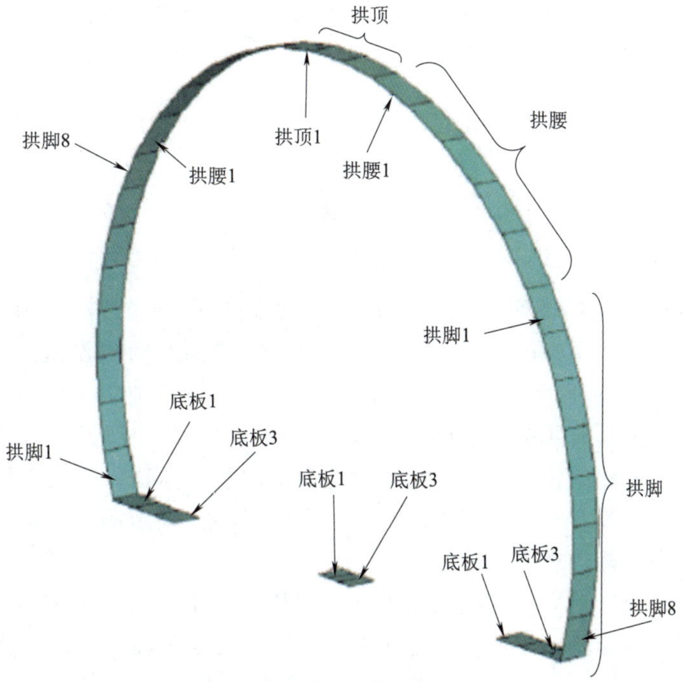

图 9—10 横断面测点布置

综上可知,列车通过隧道及在隧道内交会时,同一截面处气动压力变化不大。

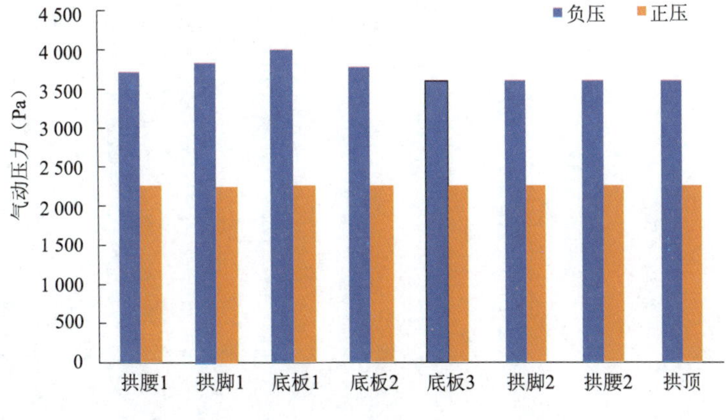

图 9—11 单列列车通过时同一断面处气动压力分布

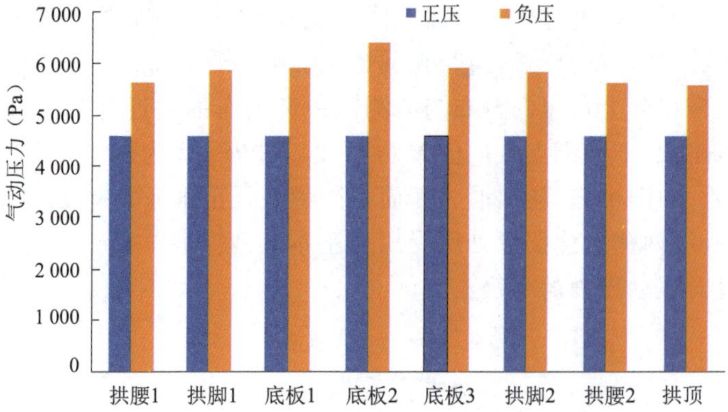

图 9—12　列车交会时同一断面处气动压力分布

9.3　本章小结

隧道气动效应会随着列车运行速度的提高而加剧。在气动波动压力的反复作用下，会造成隧道附属设施出现使用性能下降、疲劳损伤等问题，进而对附属设施的使用寿命产生影响。附属设施的变形、松动或脱落可能引发安全事故。本章对隧道附属设施病害进行了统计汇总，附属设施病害类型主要有防排水设施失效、沟槽病害、洞室防护门损害等三个主要方面。防护门在空气压强急剧变化的情况下可能出现疲劳裂损、损坏等问题，进而危及行车安全。隧道附属设施存在设备损坏没有及时更换维修、螺栓松动及脱落、固定附属设施用的胶体年久老化、隧道壁渗水和存在裂缝等现象。

本章对附属设施气动力的影响因素和分布规律进行了分析。列车通过时，附属设施受到的气动力与列车运行速度平方近似成正比关系。隧道长度和编组对附属设施气动力存在耦合影响，存在最不利隧道长度。车型和季节对附属设施气动力无明显影响。单车通过隧道时，隧道内正压值波动不大，负压值随速度提高而增大。随着速度的增加，最大负压位置逐渐向隧道中心移动。列车以不同速度在不同长度隧道中心交会时，隧道入口和出口处的正压值和负压值都较低，气动力最大值出现在隧道中部。同一截面处气动力变化不大。

参 考 文 献

[1]YAMAMOTO A. 1975 Aerodynamics of train in tunnel, Proc. Lecture Meeting of the RTTI, 13-16.

[2] MASHIMO S, NAKATSU E. AOKI T, et al. 1995 Entry compression wave generated by a high-speed train a tunnel. Transaction of the Japan Society of Mechanical Engineers ,61(590): 322-329.

[3] MASHIMO S, NAKATSU E, AOKI T, et al. 1996 Attenuation and distortion of a compression wave preopagating in a high-speed railway the. Transaction of the Japan Society of Mechanical Engineers ,62(5):1847-1854.

[4] MASHIMO S, NAKATSU E, AOKI T, et al. 1997a, Attenuation and distortion of a compression wave preopagating in a high-speed railway tunnel. JSME International Journal , series B,0(1):1-5.

[5] MASHIMO S, IWAMOTO K, AOKI T, et al. 1997b, Characteristics of comprsesion wave generated by a high-speed train entering tunnel. Engineering Sciences Reports, Kyushu University, Japan, 18(4):297-302.

[6] FUKUDA T, IIDA M, MAEDA T, et al. 1997 Distortion of the compression wave during propagation in a high-speed railway tunnel. Proc. of the 21" International symposium on Shock Waves, Great Keppel Island, Australia, 1997:755-760.

[7] OZAWA S, MAEDA T, MATSUMURA T, et al. 1994 Distortion of compression wave during propagation along Shinkansen Tunnel. Proc. 8@ International Symposium on aerodynamics and Ventilation on 1Vehicle tunnels, Livepool, UK, 211-226, BHR Group.

[8] OZAWA S, MURATA K, MAEDA T. 1997 effect of ballasted track on distortion of pressure wave in tunnel and emission of micro-pressure wave. Proc. 9 International Symposium on aerodynamics and Ventilation on Vehicle tunnels. , Aosta, Italy, 935-947, BHR Group.

[9] KASHIMURA H, YASUNOBU T, MATSUO K. 1994a, Emission of a propagating compression wave from an openend of a tube (2nd Report, Relation between incident compression wave impulsive wave). Trans of the Japan Society of Mechanical Engineers, 60:71-77.

[10] YAMAMOTO A. 1977 Micro-pressure wave radiated from tunnel exit. Physical Society of Japan, 4p-H4.

[11] KASHIMURA H, YASUNOBU T, MATSUO K. 1994b, Emission of a propagating compression wave from an openend of a tube (3rd Report, Experiment on magnitude of emitted impulsive wave). Trans of the Japan Society of Mechanical Engineers, 60:71-77.

[12]YAMAMOTO A, OZAWA S, MAEDA T, etal. 1983 Reduction of micro-pressure wave radiated from tunnel exit by sid branches in tunnel. RTRI Research Report No. 1250, Railway Technical Research Institute, Japan National Railways, Japan.

[13]YAMAMOTO A, OZAWA S, MAEDA T. 1984 Reduction of micro-pressure wave radiated from tunnel exit by side branches in tunnel. Quarterly Reports of the RTRI, 25:102-105.

[14]王悦明. 铁路客车空气压力密封性问题[J]. 铁路机车车辆,2002(4):4-7.

[15]赵小华,黎锦雄,胡观兴. 台湾高速铁路项目桃园站及邻接隧道环控系统设计[J]. 地铁与轻轨,2002(3):40-48.

[16]王英学,高波,陈赤坤,等. 隧道中部地下车站的气动特性及竖井设置效果分析[A]//2008 铁路暖通空调学术年会论文集[C]. 中国铁道学会,2008.

[17]王英学,高波,陆振华,等. 隧道中部存在车站时列车会车气动效应数值分析[J]. 空气动力学学报,2009,27(3):369-372.

[18]韩华轩,王英学,蒲佳,等. 屏蔽门对高速铁路地下车站气动效应影响的研究[J]. 铁道标准设计,2008

(S1):108-110.
[19]韩华轩,王英学.隧道长度对高速铁路地下车站空气动力学效应的影响研究[J].国防交通工程与技术,2012,10(2):31-35.
[20]郑长青,陈赤坤,王英学.美兰机场高速铁路车站隧道屏蔽门气动效应影响分析[A]//第五届中国国际隧道工程研讨会文集[C].中国土木工程学会,2011.
[21]王建仓.京张城际高速铁路八达岭地下车站空气动力学效应研究[D].成都:西南交通大学,2015.
[22]李学伟.京霸高速铁路北京新机场地下车站空气动力学效应研究[D].北京:北京交通大学,2019.
[23]李凌宇.地下高铁站台屏蔽门气动效应研究[D].邯郸:河北工程大学,2020.
[24]马福东,王婷,彭斌,等.复杂深埋地下高铁车站站台及通道空气动力学效应模拟及设计对策选定[J].铁道标准设计,2020,64(1):40-44.
[25]党明芳.高速铁路隧道及地下车站设置屏蔽门空气动力学效应研究[D].成都:西南交通大学,2008.
[26]黄颖.城际铁路隧道及地下车站空气动力学效应研究[D].成都:西南交通大学,2014.
[27]刘程.城际铁路地下站台列车风特性及对人员安全的影响研究[D].长沙:中南大学,2013.
[28]谭鹏.双线城际铁路隧道列车风特性及对人员安全的影响研究[D].长沙:中南大学,2012.
[29]南化祥.城际列车地下车站火灾烟气控制研究[D].沈阳:沈阳航空航天大学,2014.
[30]赵毓成,李文会.城市轨道交通高架车站结构形式分类及适用研究[J].铁道标准设计,2013(1):85-89.
[31]苏帑.高速铁路隧道气动效应舒适度模糊分析[D].成都:西南交通大学,2008.
[32]赵晶.高速列车通过隧道时气动影响研究[D].成都:西南交通大学,2011.
[33]张帆.城际动车组隧道压力波特性研究[D].兰州:兰州交通大学,2016.
[34]向新桃.高速铁路隧道压力波数值模拟研究[D].上海:上海交通大学,2016.